Band 2
Finanz- und Rechnungswesen

Grundlagen 2

Lösungen

D1669207

Ernst Keller, Boris Rohr

Band 2
Finanz- und Rechnungswesen

Grundlagen 2

Lösungen

4. Auflage 2022

 hep

Ernst Keller, Boris Rohr
Finanz- und Rechnungswesen
Grundlagen 2
Lösungen
ISBN Print inkl. eLehrmittel: 978-3-0355-2068-2
ISBN eLehrmittel: 978-3-0355-2119-1

Bibliografische Information der Deutschen Nationalbibliothek:
Die Deutsche Nationalbibliothek verzeichnet diese Publikation
in der Deutschen Nationalbibliografie; detaillierte bibliografische
Daten sind im Internet über http://dnb.dnb.de abrufbar.

Zusatzmaterialien und -angebote zu diesem Buch:
hep-verlag.ch/frw-grundlagen-2-loesungen

Inhaltsverzeichnis

1 Kalkulation im Handelsbetrieb

Aufgabe 1.1 a)

Warenerlöse	600 000.–	1. Stufe
Warenaufwand	- 303 000.–	
Bruttogewinn	**297 000.–**	

Gemeinaufwand			2. Stufe
Personalaufwand	- 174 000.–		
Raumaufwand	- 48 000.–		
Verwaltungsaufwand	- 6 000.–		
Werbeaufwand	- 9 000.–		
Sonstiger Betriebsaufwand	- 12 000.–		
Abschreibungen	- 36 750.–		
Finanzaufwand	- 4 650.–	- 290 400.–	
Reingewinn		**6 600.–**	

Aufgabe 1.1 b)

Einstand (EST)	CHF	303 000.–	100,00 %			
+ Gemeinkosten (GK)	CHF	290 400.–	**95,84 %**	**b1)**		
Selbstkosten (SK)	CHF	593 400.–	195,84 %	→	100,00 %	
+ Reingewinn (RG)	CHF	6 600.–			**b2)**	**1,11 %**
Nettoerlös (NE)	CHF	600 000.–			101,11 %	

Einstand (EST)	CHF	303 000.–	100,00 %	
+ Bruttogewinn (BG)	CHF	297 000.–	**98,02 %**	**b3)** BG-Zuschlag
Nettoerlös (NE)	CHF	600 000.–	198,02 %	

Einstand (EST)	CHF	303 000.–	50,5 %	
+ Bruttogewinn (BG)	CHF	297 000.–	**49,5 %**	**b4)** BG-Quote
Nettoerlös (NE)	CHF	600 000.–	100,0 %	

Aufgabe 1.1 c)

Einstand (EST)	CHF	72.75	100,00 %		
+ Gemeinkosten (GK)	CHF	69.72	95,84 %		
Selbstkosten (SK)	CHF	142.47	195,84 %	→	100,00 %
+ Reingewinn (RG)	CHF	1.58			1,11 %
Nettoerlös (NE)	**CHF**	**144.05**			101,11 %

Aufgabe 1.1 d)

Einstand (EST)	CHF	72.75	100,00 %
+ Bruttogewinn (BG)	CHF	71.31	98,02 %
Nettoerlös (NE)	**CHF**	**144.06**	198,02 %

Aufgabe 1.2

	R	F	
a)	☒	☐	Bruttogewinn = Nettoerlös - Einstand Bruttogewinn = Reingewinn + Gemeinkosten
b)	☐	☒	Selbstkosten - Gemeinkosten = ~~Nettoerlös~~ **Einstand (EST)**
c)	☒	☐	Mit der Bruttogewinnquote kann aus dem Nettoerlös direkt der Einstandspreisberechnet werden.
d)	☐	☒	Reingewinn + ~~Einstand~~ = Bruttogewinn **Gemeinkosten**
e)	☐	☒	Mit dem Bruttogewinnzuschlag kann aus dem EST direkt der ~~RG~~ berechnet werden. **Nettoerlös**
f)	☒	☐	Nettoerlös - Reingewinn = Selbstkosten
g)	☐	☒	Gemeinkosten = Bruttogewinn - ~~Selbstkosten~~ **Reingewinn**
h)	☐	☒	~~Der Bruttogewinnzuschlag ergibt sich aus der Addition von Gemeinkosten- und Reingewinnzuschlag.~~ **Zuschlagssätze dürfen nicht addiert werden, da die Basis nicht die gleiche ist.**

Aufgabe 1.3

a)

Einstandspreis	CHF	110.00	100 %	
+ Gemeinkosten	CHF	50.60	46 %	
Selbstkosten	CHF	160.60	146 % →	100 %
+ Reingewinn	CHF	12.85		8 %
Nettoerlös	CHF	173.45		108 %

Einstandspreis	CHF	110.00	100,00 %
+ Bruttogewinn	CHF	63.45	57,68 %
Nettoerlös	CHF	173.45	157,68 %

b)

Einstandspreis	CHF	405.00	100 %	
+ Gemeinkosten	CHF	251.10	62 %	
Selbstkosten	CHF	656.10	162 % →	100 %
+ Reingewinn	CHF	45.95		7 %
Nettoerlös	CHF	702.05		107 %

Einstandspreis	CHF	405.00	100,00 %
+ Bruttogewinn	CHF	297.05	73,35 %
Nettoerlös	CHF	702.05	173,35 %

c)

Einstandspreis	CHF	505.00	100 %	
+ Gemeinkosten	CHF	202.00	40 %	
Selbstkosten	CHF	707.00	140 % →	100,00 %
+ Reingewinn	CHF	58.15		8,22 %
Nettoerlös	CHF	765.15		108,22 %

Einstandspreis	CHF	505.00	66 %
+ Bruttogewinn	CHF	260.15	34 %
Nettoerlös	CHF	765.15	100 %

Aufgabe 1.4

a)

Einstandspreis	CHF	165.20	100,00 %	
+ Gemeinkosten	CHF	107.95	**65,35 %**	
Selbstkosten	CHF	273.15	165,35 % →	100 %
+ Reingewinn	CHF	21.85		8 %
Nettoerlös	**CHF**	**295.00**		108 %

Einstandspreis	CHF	165.20	56 %
+ Bruttogewinn(-quote)	CHF	129.80	44 %
Nettoerlös	CHF	295.00	100 %

b)

Einstandspreis	CHF	840.00	100,00 %	
+ Gemeinkosten	**CHF**	**375.00**	**44,64 %**	
Selbstkosten	CHF	1 215.00	144,64 % →	100 %
+ Reingewinn	CHF	145.80		12 %
Nettoerlös	CHF	1 360.80		112 %

Einstandspreis	CHF	840.00	100 %
+ Bruttogewinn(-zuschlag)	CHF	520.80	62 %
Nettoerlös	CHF	1 360.80	162 %

Einstandspreis	CHF	840.00	61,73 %
+ Bruttogewinn(-quote)	CHF	520.80	**38,27 %**
Nettoerlös	CHF	1 360.80	100,00 %

Aufgabe 1.5 a)

Warenerlöse		1 416 650.–
Warenaufwand		- 801 300.–
Bruttogewinn		**615 350.–**

Gemeinkosten		
Lohnaufwand	- 368 300.–	
Sozialversicherungsaufwand	- 45 820.–	
Raumaufwand	- 60 750.–	
Fahrzeugaufwand	- 18 100.–	
Verwaltungsaufwand	- 11 610.–	
Werbeaufwand	- 28 260.–	
Sonstiger Betriebsaufwand	- 9 680.–	
Abschreibungen	- 34 800.–	
Finanzaufwand	- 2 600.–	- 579 920.–
Betriebsgewinn		**35 430.–**

A.o. und betriebsfremder Erfolg		
A.o. Ertrag		32 200.–
LgE (betriebsfremd)	53 570.–	
LgA (betriebsfremd)	- 39 990.–	13 580.–
Unternehmensgewinn		**81 210.–**

Aufgabe 1.5 b) und c)

b1)	Einstand (EST)	CHF	801 300.–	100,00 %		
	+ Gemeinkosten (GK)	CHF	579 920.–	**72,37 %**		
b2)	Selbstkosten (SK)	CHF	1 381 220.–	172,37 %	→	100,00 %
	+ Reingewinn (RG)	CHF	35 430.–			**2,57 %**
	Nettoerlös (NE)	CHF	1 416 650.–			102,57 %
b3)	Einstand (EST)	CHF	801 300.–	100,00 %		
	+ Bruttogewinn (BG)	CHF	615 350.–	**76,79 %** BG-Zuschlag		
	Nettoerlös (NE)	CHF	1 416 650.–	176,79 %		
b4)	Einstand (EST)	CHF	801 300.–	56,56 %		
	+ Bruttogewinn (BG)	CHF	615 350.–	**43,44 %** BG-Quote		
	Nettoerlös (NE)	CHF	1 416 650.–	100,00 %		
c1)	Einstand (EST)	CHF	346.00	100,00 %		
	+ Bruttogewinn (BG)	CHF	265.69	76,79 %		
	Nettoerlös (NE)	**CHF**	**611.69**	176,79 %		
	Einstand (EST)	CHF	346.00	100,00 %		
	+ Gemeinkosten (GK)	CHF	250.40	72,37 %		
	Selbstkosten (SK)	CHF	596.40	172,37 %	→	100,00 %
	+ Reingewinn (RG)	CHF	15.33			2,57 %
	Nettoerlös (NE)	**CHF**	**611.73**			102,57 %
c2)	Einstand (EST)	**CHF**	**559.38**	56,56 %		
	+ Bruttogewinn (BG)	CHF	429.62	43,44 %		
	Nettoerlös (NE)	CHF	989.00	100,00 %		

c3)	Einstand (EST)	CHF	156.27	100,00 %	
	+ Bruttogewinn (BG)	CHF	120.00	76,79 %	
	Nettoerlös (NE)	CHF	276.27	176,79 %	

	Einstand (EST)	CHF	156.27	100,00 %	
	+ Gemeinkosten (GK)	CHF	113.09	72,37 %	
	Selbstkosten (SK)	CHF	269.36	172,37 % →	100,00 %
	+ Reingewinn (RG)	**CHF**	**6.92**		2,57 %
	Nettoerlös (NE)	CHF	276.28		102,57 %

Aufgabe 1.6 a)

a)	Einstand (EST)	CHF	80 000.–	100 %	
	+ Bruttogewinn (BG)	CHF	40 000.–	50 %	
	Nettoerlös (NE)	CHF	120 000.–	150 %	

	Einstand (EST)	CHF	80 000.–	100 %	
	+ Gemeinkosten (GK)	**CHF**	**16 000.–**	**20 %**	
	Selbstkosten (SK)	CHF	96 000.–	120 % →	100 %
	+ Reingewinn (RG)	CHF	24 000.–		25 %
	Nettoerlös (NE)	CHF	120 000.–		125 %

Aufgabe 1.6 b)

b)   Bruttogewinn neu: CHF 17 600.– + CHF 25 200.– = CHF 42 800.–

Einstand (EST)	CHF	85 600.–	100 %
+ Bruttogewinn (BG)	CHF	42 800.–	50 %
Nettoerlös (NE)	**CHF**	**128 400.–**	150 %

Einstand (EST)	CHF	85 600.–
+ Gemeinkosten (GK)	CHF	17 600.–
Selbstkosten (SK)	CHF	103 200.–
+ Reingewinn (RG)	CHF	25 200.–
Nettoerlös (NE)	**CHF**	**128 400.–**

Aufgabe 1.7* a)

Lösungsweg mit Beispiel NE = CHF 100.00 (Annahme)

a) Einstand (EST)	CHF	30.00	30 %
+ Bruttogewinn (BG)	CHF	70.00	70 %
Nettoerlös (NE)	CHF	100.00	100 %

Einstand (EST)	CHF	30.00	100,00 %	
+ Gemeinkosten (GK)	CHF	56.96	**189,87 %**	
Selbstkosten (SK)	CHF	86.96	289,87 % →	100 %
+ Reingewinn (RG)	CHF	13.04		15 %
Nettoerlös (NE)	CHF	100.00		115 %

Aufgabe 1.7* b) und c)

b) | Selbstkosten (SK) | CHF | 23 080.00 | 100 % |
    | + Reingewinn (RG) | CHF | 3 462.00 | 15 % |
    | Nettoerlös (NE) | CHF | 26 542.00 | 115 % |

Einstand (EST)	CHF	**7 962.60**	30 %
+ Bruttogewinn (BG)	CHF	18 579.40	70 %
Nettoerlös (NE)	CHF	26 542.00	100 %

Alternative:

Einstand (EST)	CHF	7 962.19	100,00 %
+ Gemeinkosten (GK)	CHF	15 117.81	189,87 %
Selbstkosten (SK)	CHF	23 080.00	289,87 %

c) | GK neu + 10 % | CHF | 16 629.59 | |
    | + RG alt | CHF | 3 462.00 | |
    | Bruttogewinn neu | CHF | 20 091.59 | |

Einstand (EST)	CHF	8 610.68	30 %
+ Bruttogewinn (BG)	CHF	20 091.59	70 %
Nettoerlös (NE)	CHF	28 702.27	100 %

Absatzmenge: CHF 28 702.27 / CHF 663.55 = **44 Snowboards**

Aufgabe 1.8

a)

BKreditAP (Katalogpreis)	CHF	1 500.00	100 %		
- Wiederverkaufsrabatt	CHF	375.00	25 %		
Händlerankaufspreis	CHF	1 125.00	75 %	→	100 %
- Mengenrabatt	CHF	56.25			5 %
NKreditAP (Rechnung)	CHF	1 068.75	100,00 %	←	95 %
- Skonto	CHF	24.05	2,25 %		
NBarAP (Zahlung)	CHF	1 044.70	97,75 %		
+ Bezugskosten	CHF	55.30			
EST (pro Gerät)	**CHF**	**1 100.00**			

b)

Geschäftsfall	Soll	Haben	Betrag
Rechnungseingang	Warenaufwand	Verb. L+L	16 031.25
Abzug Skonto	Verb. L+L	Warenaufwand	360.70
Banküberweisung	Verb. L+L	Bank	15 670.55
Barzahlung Bezugskosten	Warenaufwand	Kasse	829.50

Aufgabe 1.9

a)

BKreditAP	CHF	800.00	100 %		
- Rabatt	**CHF**	**- 96.00**	- 12 %		
NKreditAP	**CHF**	**704.00**	**88 %**	→	100 %
- Skonto	**CHF**	**- 14.10**			- 2 %
NBarAP	**CHF**	**689.90**			**98 %**
+ Bezugskosten	CHF	34.20			
Einstandspreis	**CHF**	**724.10**			

b)

BKreditAP	**CHF**	**1 000.00**	100 %		
- Rabatt	**CHF**	**- 100.00**	- 10 %		
NKreditAP	**CHF**	**900.00**	**90 %**	→	100 %
- Skonto	**CHF**	**- 18.00**			- 2 %
NBarAP	**CHF**	**882.00**			**98 %**
+ Bezugskosten	CHF	55.20			
Einstandspreis	CHF	937.20			

c)

BKreditAP	CHF	180.00	100 %		
- Rabatt	**CHF**	**- 25.20**	**- 14 %**		
NKreditAP	CHF	154.80	**86 %**	→	100 %
- Skonto	**CHF**	**- 4.65**			**- 3 %**
NBarAP	CHF	150.15			**97 %**
+ Bezugskosten	**CHF**	**28.90**			
Einstandspreis	CHF	179.05			

d)

BKreditAP	**CHF**	**75.00**	100 %		
- Rabatt	**CHF**	**- 15.00**	- 20 %		
NKreditAP	**CHF**	**60.00**	**80 %**	→	100 %
- Skonto	**CHF**	**- 1.80**			- 3 %
NBarAP	CHF	58.20			**97 %**
+ Bezugskosten	CHF	4.75			
Einstandspreis	**CHF**	**62.95**			

Aufgabe 1.10

a)

BKreditAP	CHF	215.00	100 %		
- Rabatt	CHF	- 34.40	**- 16 %**		
NKreditAP	CHF	180.60	84 %	→	100 %
- Skonto	CHF	- 5.40			- 3 %
NBarAP	CHF	175.20			97 %
+ Bezugskosten	CHF	18.50			
Einstandspreis	CHF	193.70			

b)

BKreditAP	CHF	**850.00**	100 %		
- Rabatt	CHF	- 102.00	- 12 %		
NKreditAP	CHF	748.00	88 %	→	100 %
- Skonto	CHF	- 14.95			- 2 %
NBarAP	CHF	733.05			98 %
+ Bezugskosten	CHF	34.45			
Einstandspreis	CHF	767.50			

c)

BKreditAP (Annahme)	CHF	100.00	100 %		
- Wiederverkaufsrabatt	CHF	- 24.00	- 24 %		
Händlerpreis	CHF	76.00	76 %	100 %	
- Mengenrabatt	CHF	- 6.08		- 8 %	
NKreditAP	CHF	69.92		92 %	100 %
- Skonto	CHF	- 1.40			- 2 %
NBarAP	CHF	68.52			98 %

BKreditAP	CHF	100.00	100 %	
- NBarAP	CHF	- 68.52		
Gesamtabzug	CHF	31.48	**31,48 %**	

Aufgabe 1.11

a)

BKreditAP (Katalogpreis)	CHF	35.00	100 %
- Rabatt	CHF	8.75	25 %
NKreditAP (Rechnung)	CHF	26.25	75 % → 100,0 %
- Skonto	CHF	0.66	2,5 %
NBarAP (Zahlung)	CHF	25.59	97,5 %
+ Bezugskosten	CHF	1.75	
EST (pro Spiel)	**CHF**	**27.34**	

b)

Geschäftsfall	Soll	Haben	Betrag
Rechnungseingang	Warenaufwand	Verb. L+L	1 312.50
Abzug Skonto	Verb. L+L	Warenaufwand	32.80
Banküberweisung	Verb. L+L	Bank	1 279.70
Barzahlung Bezugskosten	Warenaufwand	Kasse	87.50

Aufgabe 1.12

a) Rabatt in % = 1 / 4 × 100 = **25 %**

b) **Naturalrabatt**

c) EST für eine Schale = 7.50 / 4 = **CHF 1.875**

Aufgabe 1.13

a)

5 000 Stück × 0.5 kg	kg	2 500	100 %
- Gutgewicht	kg	200	8 %
Verrechnete Kilogramm	kg	2 300	92 %

BKreditAP (Katalogpreis)	CHF	12 650.00	100,0 %
- Rabatt	CHF	2 213.75	17,5 %
NKreditAP (Rechnung)	CHF	10 436.25	82,5 %
+ Bezugskosten	CHF	312.50	
EST total	**CHF**	**10 748.75**	

Bezugskosten: 2 500 kg / 100 × CHF 12.50 = CHF 312.50

b) Schalen für den Weiterverkauf: 5 000 Schalen - 5 % = 4 750 Schalen
EST pro Schale: CHF 10 748.75 / 4 750 = CHF 2.263 = **CHF 2.26**

Aufgabe 1.14

a)

Ananas bestellt	kg	1 400	100 %	
- Gutgewicht	kg	56	4 %	
Verrechnete Kilogramm	kg	1 344	96 %	

BKreditAP (Katalogpreis)	CHF	5 107.20	100 %	
- Rabatt	CHF	1 123.58	22 %	
NKreditAP (Rechnung)	CHF	3 983.62	78 % →	100 %
- Skonto	CHF	79.67		2 %
NBarAP (Zahlung)	**CHF**	**3 903.95**		98 %

EST pro Kilogramm: CHF 3 903.95 / 1 350 kg = **CHF 2.89** pro Kilo

b) **CHF 3 903.95**, NBarAP = EST, da keine Bezugskosten zu Lasten des Käufers anfallen.

Aufgabe 1.15

a)

NE (pro Stück)	CHF	1 216.00		
+Verkaufssonderkosten	CHF	45.00		
NBarVP (Kundenzahlung)	CHF	1 261.00	97,5 %	
+ Skonto	CHF	32.33	2,5 %	
NKreditVP (Rechnung)	CHF	1 293.33	100,0 % →	85 %
+ Rabatt	CHF	228.23		15 %
BKreditVP (Katalogpreis)	**CHF**	**1 521.56**		100 %

b)

Geschäftsfall	Soll	Haben	Betrag
Rechnungseingang	Ford. L+L	Warenerlöse	15 519.95
Abzug Skonto	Warenerlöse	Ford. L+L	388.00
Banküberweisung	Bank	Ford. L+L	15 131.95
Rechnung Transport, Montage	Warenerlöse	Verb. L+L	540.00

Aufgabe 1.16

a)

$$\frac{X\%}{360\ t} = \frac{2\%}{20\ t}$$

$$X\% = \frac{2\%\times 360\ t}{20\ t}$$

$$X\% = \textbf{36 \% theoretischer Jahreszinsfuss}$$

Alternative:

20 Tage	=	2 %
360 Tage	=	36 %

b)

$$\frac{X\%}{360\ t} = \frac{2,5\%}{50\ t}$$

$$X\% = \frac{2,5\%\times 360\ t}{50\ t}$$

$$X\% = \textbf{18 \% theoretischer Jahreszinsfuss}$$

Alternative:

50 Tage	=	2,5 %
360 Tage	=	18,0 %

c)   Der Skonto ergibt eine sehr hohe Verzinsung und lohnt sich praktisch immer.

Aufgabe 1.17

a)

Nettoerlös	CHF	470.00			
+ Verkaufssonderkosten	CHF	15.10			
NBarVP	CHF	485.10	98 %		
+ Skonto	CHF	9.90	2 %		
NKreditVP	CHF	495.00	100 % →	90 %	
+ Rabatt	CHF	55.00		10 %	
BKreditVP	CHF	550.00		100 %	

b)

Nettoerlös	CHF	2 042.75			
+ Verkaufssonderkosten	CHF	27.00			
NBarVP	CHF	2 069.75	98 %		
+ Skonto	CHF	42.25	2 %		
NKreditVP	CHF	2 112.00	100 % →	88 %	
+ Rabatt	CHF	288.00		12 %	
BKreditVP	CHF	2 400.00		100 %	

c)

Nettoerlös	CHF	722.00			
+ Verkaufssonderkosten	CHF	27.70			
NBarVP	CHF	749.70	98 %		
+ Skonto	CHF	15.30	2 %		
NKreditVP	CHF	765.00	100 % →	90 %	
+ Rabatt	CHF	85.00		10 %	
BKreditVP	CHF	850.00		100 %	

d)

Nettoerlös	CHF	3 180.00			
+ Verkaufssonderkosten	CHF	44.20			
NBarVP	CHF	3 224.20	98 %		
+ Skonto	CHF	65.80	2 %		
NKreditVP	CHF	3 290.00	100 % →	94 %	
+ Rabatt	CHF	210.00		6 %	
BKreditVP	CHF	3 500.00		100 %	

Aufgabe 1.18

a)

Nettoerlös	CHF	1 650.00		
+ Verkaufssonderkosten	CHF	40.00		
NBarVP	CHF	1 690.00	98 %	
+ Skonto	CHF	34.50	2 %	
NKreditVP	CHF	1 724.50	100 % →	91 %
+ Rabatt	CHF	170.55		9 %
BKreditVP	**CHF**	**1 895.05**		100 %

b)

Nettoerlös	**CHF**	**520.00**		
+ Verkaufssonderkosten	CHF	24.00		
NBarVP	CHF	544.00	98 %	
+ Skonto	CHF	11.10	2 %	
NKreditVP	CHF	555.10	100 % →	94 %
+ Rabatt	CHF	35.45		6 %
BKreditVP	**CHF**	**590.55**		100 %

c)

Nettoerlös	CHF	1 200.00		
+ Verkaufssonderkosten	CHF	55.00		
NBarVP	CHF	1 255.00	97 %	
+ Skonto	CHF	38.80	3 %	
NKreditVP	CHF	1 293.80	100 % →	90 %
+ Rabatt	CHF	143.75		10 %
BKreditVP	**CHF**	**1 437.55**		100 %

Aufgabe 1.19

a)

NE (pro Stück)	**CHF 108.23**		100 %
+ Verkaufssonderkosten	CHF 5.41		5 %
NBarVP (Kundenzahlung)	CHF 113.64	97,5 % →	105 %
+ Skonto	CHF 2.91	2,5 %	
NKreditVP (Rechnung)	CHF 116.55	100,0 % ←	92,5 %
+ Mengenrabatt	CHF 9.45		7,5 %
Händlerverkaufspreis	CHF 126.00	75 % →	100,0 %
+ Wiederverkaufsrabatt	CHF 42.00	25 %	
BKreditVP (Katalogpreis)	CHF 168.00	100 %	

b)

Geschäftsfall	Soll	Haben	Betrag
Rechnungsausgang	Ford. L+L	Warenerlöse	1 165.50
Abzug Skonto	Warenerlöse	Ford. L+L	29.15
Banküberweisung	Bank	Ford. L+L	1 136.35

c)

Händlerverkaufspreis	CHF	126.00
- Neuer NKreditVP	CHF	110.00
Neuer Mengenrabatt	CHF	16.00

Neuer Mengenrabatt in %: $\dfrac{CHF\ 16.00 \times 100}{CHF\ 126.00} = \mathbf{12,7\ \%}$

Aufgabe 1.20*

a)

BKreditAP (Katalogpreis)	CHF	700.00	100 %		
- Wiederverkaufsrabatt	CHF	210.00	30 %		
Händlerankaufspreis	CHF	490.00	70 % →	100 %	
- Mengenrabatt	CHF	73.50		15 %	
NKreditAP (Rechnung)	CHF	416.50	100,0 % ←	85 %	
- Skonto	CHF	6.25	1,5 %		
NBarAP (Zahlung)	CHF	410.25	98,5 %		
+ Bezugskosten	CHF	68.85			
EST (inkl. MWST)	CHF	479.10	107,7 %		
- MWST (Vorsteuer)	CHF	34.25	7,7 %		
EST (ohne MWST)	CHF	444.85	100,0 % →	100 %	
+ Gemeinkosten (GK)	CHF	333.64		75 %	
Selbstkosten (SK)	CHF	778.49	100,0 % ←	175 %	
+ Reingewinn (RG)	CHF	77.85	10,0 %		
Nettoerlös	CHF	856.34	110,0 %		
+ Verkaufssonderkosten	CHF	46.99			
NBarVP (ohne MWST)	CHF	903.33		100,0 %	
+ MWST (Umsatzsteuer)	CHF	69.56		7,7 %	
NBarVP (inkl. MWST)	CHF	972.89	98 % ←	107,7 %	
+ Skonto	CHF	19.85	2 %		
NKreditVP (Rechnung)	CHF	992.74	100 % →	82 %	
+ Mengenrabatt	CHF	217.92		18 %	
Händlerverkaufspreis	CHF	1 210.66	80 % ←	100 %	
+ Wiederverkaufsrabatt	CHF	302.67	20 %		
BKreditVP (Katalogpreis)	**CHF**	**1 513.33**	100 %		

b)

Umsatzsteuer	CHF	69.56	
- Vorsteuer	CHF	34.25	
Abzuliefernde MWST	**CHF**	**35.31**	→ **35.30**

Aufgabe 1.21

BKreditAP	**CHF**	**1 500.00**	100 %		
- Rabatt	CHF	330.00	22 %		
NKreditAP	CHF	1 170.00	78 % →	100 %	
- Skonto	CHF	23.40		2 %	
NBarAP	CHF	1 146.60		98 %	
+ Bezugskosten	CHF	33.40			
Einstandspreis	CHF	1 180.00	100 %		
+ Bruttogewinn	CHF	755.20	64 %		
Nettoerlös	CHF	1 935.20	164 %		
+ Verkaufssonderkosten	CHF	44.80			
NBarVP	CHF	1 980.00	88 %		
+ Rabatt	CHF	270.00	12 %		
BKreditVP	CHF	2 250.00	100 %		

Aufgabe 1.22

			BG-Quote
Einstandspreis (Annahme)	CHF	100.00	62 %
+ Bruttogewinn	CHF	61.29	38 %
Nettoerlös	CHF	161.29	100 %

			BG-Zuschlag
Einstandspreis	CHF	100.00	100,00 %
+ Bruttogewinn	CHF	61.29	**61,29 %**
Nettoerlös	CHF	161.29	161,29 %

Aufgabe 1.23

BKreditAP	CHF	5 400.00	100 %
- Rabatt	CHF	432.00	8 %
NBarAP	CHF	4 968.00	92 %
+ Bezugskosten	CHF	132.00	
Einstandspreis	CHF	5 100.00	68 %
+ Bruttogewinn	CHF	2 400.00	32 %
Nettoerlös	CHF	7 500.00	100 %
+ Verkaufssonderkosten	CHF	120.00	
NBarVP	CHF	7 620.00	98 %
+ Skonto	CHF	155.50	2 %
NKreditVP	CHF	7 775.50	100 % → 90 %
+ Rabatt	CHF	863.95	10 %
BKreditVP	**CHF**	**8 639.45**	100 %

Aufgabe 1.24

Einstandspreis	CHF	820.00	58 %	
+ Bruttogewinn	CHF	593.80	42 %	
Nettoerlös	CHF	1 413.80	100 % →	98 %
+ Skonto	CHF	28.85		2 %
NKreditVP	CHF	1 442.65		100 % → 90,91 %
+ Rabatt	CHF	144.25		9,09 %
BKreditVP	**CHF**	**1 586.90**		100,00 %

Aufgabe 1.25*

BKreditAP (Katalogpreis)	CHF	137.63	100 %	
- Rabatt	CHF	48.17	35 %	
NKreditAP (Rechnung)	CHF	89.46	65 % →	100 %
- Skonto	CHF	1.79		2 %
NBarAP (Zahlung)	CHF	87.67		98 %
+ Bezugskosten	CHF	0.00		
EST (inkl. Vorsteuer)	CHF	87.67	107,7 %	
- MWST (Vorsteuer)	CHF	6.27	7,7 %	
EST (ohne MWST)	CHF	81.40	100,0 % →	100 %
+ Gemeinkosten	CHF	20.35		25 %
Selbstkosten	CHF	101.75	100 % ←	125 %
+ Reingewinn	CHF	5.09	5 %	
Nettoerlös	CHF	106.84	105 %	
+ Verkaufssonderkosten	CHF	3.82		
NBarVP (ohne MWST)	CHF	110.66		100,0 %
+ MWST (Umsatzsteuer)	CHF	8.52		7,7 %
NBarVP (inkl. MWST)	CHF	119.18	97,75 % ←	107,7 %
+ Skonto	CHF	2.74	2,25 %	
NKreditVP (Rechnung)	CHF	121.92	100,00 % →	88 %
+ Rabatt	CHF	16.63		12 %
BKreditVP (Katalogpreis)	**CHF**	**138.55**		100 %

Aufgabe 1.26*

EST (inkl. Vorsteuer)	CHF	215.40	107,7 %		
- MWST (Vorsteuer)	CHF	15.40	7,7 %		
EST (ohne MWST)	**CHF**	**200.00**	100,0 % →	40 %	
+ Bruttogewinn	**CHF**	**300.00**		60 %	
Nettoerlös (ohne MWST)	**CHF**	**500.00**	100,0 %	100 %	
+ MWST (Umsatzsteuer)	CHF	38.50	7,7 %		
Nettoerlös (inkl. MWST)	**CHF**	**538.50**	107,7 % →	98 %	
+ Skonto	CHF	10.99		2 %	
NKreditVP (Rechnung)	CHF	549.49	85 % ←	100 %	
+ Mengenrabatt	CHF	96.97	15 %		
BKreditVP (Katalogpreis)	**CHF**	**646.46**	100 %		

Umsatzsteuer	CHF	38.50
- Vorsteuer	CHF	15.40
Abzuliefernde MWST	**CHF**	**23.10**

Oder 7,7 % vom Bruttogewinn CHF 300.- (= Wertschöpfung).

Aufgabe 1.27*

a)

Warengewicht total	kg	600	100 %
- Gutgewicht	kg	30	5 %
Verrechnetes Gewicht	kg	570	95 %

BKreditAP (Katalogpreis)	CHF	1 681.50	100,0 %	
- Rabatt	CHF	378.34	22,5 %	
NKreditAP (Rechnung)	**CHF**	**1 303.16**	77,5 % →	100 %
- Skonto	CHF	26.06		2 %
NBarAP (Zahlung)	CHF	1 277.10		98 %
+ Bezugskosten	CHF	0.00		
EST (inkl. Vorsteuer)	CHF	1 277.10	102,5 %	
- MWST (Vorsteuer)	CHF	31.15	2,5 %	
EST (ohne MWST)	CHF	1 245.95	100,0 % →	100 %
+ Bruttogewinn	CHF	498.38		40 %
Nettoerlös (ohne MWST)	CHF	1 744.33	100,0 % ←	140 %
+ MWST (Umsatzsteuer)	CHF	43.61	2,5 %	
Nettoerlös (inkl. MWST)	**CHF**	**1 787.94**	102,5 %	

b) EST je Kilogramm $\dfrac{\text{CHF } 1\,245.95}{\text{CHF } 580 \text{ kg}}$ = **CHF 2.15 pro Kilo**

c) Ladenpreis $\dfrac{\text{CHF } 1\,787.94}{\text{CHF } 580 \text{ kg}}$ = **CHF 3.08 = CHF 3.10 pro Kilo**

d)

Umsatzsteuer	CHF	43.61
- Vorsteuer	CHF	31.15
Abzuliefernde MWST	**CHF**	**12.46**

e) $\dfrac{X\,\%}{360\ t} = \dfrac{2\,\%}{50\ t}$

$X\,\% = \dfrac{2\,\% \times 360\ t}{50\ t}$

$X\,\% =$ **14,4 % theoretischer Jahreszins**

Es würde sich lohnen, den Kontokorrentkredit in Anspruch zu nehmen, da nur 6,75 % Zins zu bezahlen sind.

Aufgabe 1.28*

a)

BKreditAP (Katalogpreis)	**CHF**	**1 876.49**	100 %		
- Rabatt	CHF	187.65	10 %		
NKreditAP (Rechnung)	CHF	1 688.84	90 %		
- Skonto	CHF	0.00			
NBarAP (Zahlung)	CHF	1 688.84		100 %	
+ Bezugskosten	CHF	84.44		5 %	
EST (inkl. Vorsteuer)	CHF	1 773.28	107,7 % ←	105 %	
- MWST (Vorsteuer)	CHF	126.78	7,7 %		
EST (ohne MWST)	CHF	1 646.50	100,0 % →	100,00 %	
+ Bruttogewinn	CHF	548.83		33,33 %	
Nettoerlös (ohne MWST)	CHF	2 195.33	100,0 % ←	133,33 %	
+ MWST (Umsatzsteuer)	CHF	169.04	7,7 %		
Nettoerlös (inkl. MWST)	CHF	2 364.37	107,7 % →	97 %	
+ Skonto	CHF	73.13		3 %	
NKreditVP (Rechnung)	CHF	2 437.50	75 % ←	100 %	
+ Mengenrabatt	CHF	812.50	25 %		
BKreditVP (Katalogpreis)	CHF	3 250.00	100 %		

b)   Schlüsselzahl: $X \times 1\,876.49 = 3\,250.00$

$$X = 1.731957$$

Aufgabe 1.29*

a)
Lösungsweg mit Beispiel EST = CHF 100.00 (Annahme)

Einstand (EST)	CHF	100.00	100 %	
+ Gemeinkosten (GK)	CHF	58.00	58 %	
Selbstkosten (SK)	CHF	158.00	158 % →	100 %
+ Reingewinn (RG)	CHF	18.96		12 %
Nettoerlös (NE)	CHF	176.96		112 %

Einstand (EST)	CHF	100.00	100,00 %
+ Bruttogewinn (BG)	CHF	76.96	**76,96 %**
Nettoerlös (NE)	CHF	176.96	176,96 %

GK-Zuschlag von 58 % sowie RG-Zuschlag von 12 % ergeben einen Nettoerlös von CHF 176.96 und einen Bruttogewinn von CHF 76.96, der Bruttogewinnzuschlag beträgt damit 76,96 %.

Lösungsweg BG = CHF 273 208.00

Einstand (EST)	CHF	355 000.00	100,00 %
+ Bruttogewinn (BG)	CHF	273 208.00	76,96 %
Nettoerlös (NE)	CHF	628 208.00	176,96 %

Einstand (EST)	CHF	355 000.00	100 %	
+ Gemeinkosten (GK)	**CHF**	**205 900.00**	58 %	
Selbstkosten (SK)	CHF	560 900.00	158 % →	100 %
+ Reingewinn (RG)	CHF	67 308.00		12 %
Nettoerlös (NE)	CHF	628 208.00		112 %

b)

Gemeinkosten neu	CHF	236 785.00
+ Reingewinn (RG)	CHF	67 308.00
Bruttogewinn neu	CHF	304 093.00

Einstand (EST)	CHF	395 131.24	100,00 %
+ Bruttogewinn (BG)	CHF	304 093.00	76,96 %
Nettoerlös (NE)	**CHF**	**699 224.24**	176,96 %

2 Fremde Währungen

Aufgabe 2.1

Land	Bezeichnung der Währung	Abkürzung (ISO-Code)	Kurs (Devisen Verkauf), Tabelle S. 46	Kurs bezieht sich auf ... Einheiten
Euroland	Euro / €	EUR	1.128	1
Dänemark	Dänische Kronen	DKK	15.194	100
Finnland	Euro / €	EUR	1.128	1
Grossbritannien	Pfund Sterling / £	GBP	1.315	1
Irland	Euro / €	EUR	1.128	1
Japan	Japanische Yen	JPY	0.867	100
Kanada	Kanadische Dollar	CAD	0.757	1
Norwegen	Norwegische Kronen	NOK	11.216	100
Schweden	Schwedische Kronen	SEK	11.141	100
USA	US-Dollar / $	USD	0.945	1
Zypern	Euro / €	EUR	1.128	1

Aufgabe 2.2

a)   CHF   1.11   =   EUR   1

b)   CHF   0.85   =   JPY   100

c)   CHF   0.92   =   USD   1

d)   NOK   909   =   CHF   100

e)   EUR   0.92   =   CHF   1

Aufgabe 2.3

a)   Preis in einheimischer Währung für 1 (oder 100) Einheit(en) der ausländischen Währung

b)   Notenkurs für Bargeld
      Devisenkurs für bargeldlosen Zahlungsverkehr, Kreditkartenbelastungen

c)   Kaufkurs   →   Bank **kauft**   /   Kunde verkauft
                                    ← _____**Fremdwährung**_____

      Verkaufskurs   →   Bank **verkauft**   /   Kunde kauft
                                    _____**Fremdwährung**_____ →

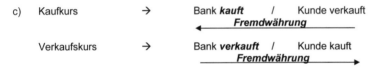

d)   Differenz ergibt den (Brutto-)Gewinn (= Marge oder Ecart) für die Bank.

e)   1) Devisenkurse
      2) Handel mit Bargeld verursacht mehr Aufwand
         (lagern, zählen, sortieren, transportieren usw.)

f)   Devisen   (weil Postcard, bargeldlos)
      Verkauf   (die Post verkauft Ihnen fremde Währungen)

Aufgabe 2.4

	Noten		Devisen	
	Ankauf	Verkauf	Ankauf	Verkauf
	14.031	14.961	14.278	14.623

Aufgabe 2.5

| | Noten | | Devisen | |
	Ankauf (Geld)	Verkauf (Brief)	Ankauf (Geld)	Verkauf (Brief)
a)	☐	☒	☐	☐
b)	☐	☐	☐	☒
c)	☐	☐	☒	☐
d)	☐	☐	☐	☒
e)	☒	☐	☐	☐
f)	☒	☐	☐	☐

Aufgabe 2.6

Für	Fremde Währung	bekomme ich:	muss ich bezahlen:	Für 100 Franken gibt es:
1	Euro (Noten)	CHF 1.083	CHF 1.144	EUR 87.41
100	Dänische Kronen (Noten)	CHF 14.113	CHF 15.721	DKK 636.09
1	Englisches Pfund (Devisen)	CHF 1.268	CHF 1.315	GBP 76.05
1	US-Dollar (Devisen)	CHF 0.911	CHF 0.945	USD 105.82
100	Japanische Yen (Devisen)	CHF 0.836	CHF 0.867	JPY 11 534

Aufgabe 2.7 a) – f)

a)	x	EUR	CHF	2 500.00			
	1.14	CHF	EUR	1	= **EUR**	**2 192.98**

b)	x	USD	CHF	42 000.00			
	0.965	CHF	USD	1	= **USD**	**43 523.32**

c)	x	JPY	CHF	555.60			
	0.854	CHF	JPY	100	= **JPY**	**65 059.00**

d)	x	DKK	CHF	1 680.40			
	15.183	CHF	DKK	100	= **DKK**	**11 067.64**

e)	x	NOK	CHF	9 842.00			
	11.72	CHF	NOK	100	= **NOK**	**83 976.11**

f)	x	CAD	CHF	12 000.00			
	0.805	CHF	CAD	1	= **CAD**	**14 906.83**

Aufgabe 2.7 g) – k)

g) x   CHF | SEK   450 000.00

    100   SEK | CHF   10.50   =   **CHF**   **47 250.00**

h) x   CHF | GBP   9 800.00

    1   GBP | CHF   1.235   =   **CHF**   **12 103.00**

i) x   CHF | NOK   2 080.00

    100   NOK | CHF   10.35   =   **CHF**   **215.30**

j) x   CHF | EUR   34 000.00

    1   EUR | CHF   1.081   =   **CHF**   **36 754.00**

k) x   CHF | AUD   8 888.00

    1   AUD | CHF   0.695   =   **CHF**   **6 177.15**

Aufgabe 2.8

a) | x | CHF | EUR | 1 |
|---|---|---|---|
| 1 200.00 | EUR | CHF | 1 314.00 | = | **CHF** | **1.0950** |

b) | x | CHF | USD | 1 |
|---|---|---|---|
| 4 250.00 | USD | CHF | 4 159.00 | = | **CHF** | **0.9786** |

c) | x | CHF | DKK | 100 |
|---|---|---|---|
| 3 750.00 | DKK | CHF | 547.50 | = | **CHF** | **14.6000** |

d) | x | CHF | GBP | 1 |
|---|---|---|---|
| 911.20 | GBP | CHF | 1 198.00 | = | **CHF** | **1.3147** |

e) | x | CHF | JPY | 100 |
|---|---|---|---|
| 45 000 | JPY | CHF | 385.00 | = | **CHF** | **0.8556** |

Aufgabe 2.9

x	CHF	EUR	1
175.00	EUR	CHF	199.15	=	**CHF**	**1.1380**

Aufgabe 2.10

a) Wechsel in der Schweiz und Zahlung in EUR bar in Italien

x	CHF	EUR	520.00			
1	EUR	CHF	1.150	=	CHF	598.00

b) Wechsel in Italien und Zahlung in EUR bar in Italien

x	CHF	EUR	520.00			
0.915	EUR	CHF	1	=	CHF	568.30

günstigste Variante

c) Zahlung bar in CHF und Umrechnung durch Vermieter

x	CHF	EUR	520.00			
0.90	EUR	CHF	1	=	CHF	577.80

d) Zahlung mit Kreditkarte, Wechsel Bank in Lugano (Devisen Verkauf)

x	CHF	EUR	520.00			
1	EUR	CHF	1.129	=	CHF	587.10

Aufgabe 2.11

a) x   CHF | EUR   1

54.50   EUR | CHF   60.00   = **CHF 1.10 = 1 EURO**

(entspricht dem Kurs von
0.9083 Euro für 1 CHF)

b) Richtige Lösung: **3) Noten Geld** =   Ankauf der CHF, fremde Währung

in Frankreich

c) Wechsel in der Schweiz

x   EUR | CHF   60.00

1.095   CHF | EUR   1   = **EUR 54.79**

Wechsel in Frankreich

x   EUR | CHF   60.00

1   CHF | EUR   0.919   = **EUR 55.14**

Der Wechsel bei einer Bank in Frankreich hätte 0,64 Euro mehr gegeben als im Restaurant.
Der Wechsel bei einer Bank in der Schweiz wäre etwas besser als im Restaurant gewesen.

Aufgabe 2.12

a) Erwarteter Erlös

x	CHF	HUF	50 000 000.00			
100	HUF	CHF	0.316	=	CHF	158 000.00

b) Bankgutschrift

x	CHF	HUF	50 000 000.00			
100	HUF	CHF	0.288	=	CHF	144 000.00

c) Verlust

Erwarteter Erlös	CHF	158 000.00
Tatsächlicher Erlös	CHF	144 000.00
Verlust durch Abwertung des HUF	CHF	14 000.00

In Prozent des erwarteten Erlöses   **8,86 %**

Aufgabe 2.13

Bankbelastung für Überweisung an «Esprit Europe», Düsseldorf

x	CHF	EUR	8 750.00			
1	EUR	CHF	1.13	=	CHF	9 887.50

Bankbelastung für Überweisung an «Thai Fashion», Bangkok

x	CHF	THB	46 800.00			
100	THB	CHF	3.080	=	CHF	1 441.45

Belastung Bankkonto «Modessa AG»   **CHF 11 328.95**

Aufgabe 2.14

Bankgutschrift für Überweisung von «Mécano SA», Lyon

x	CHF	EUR	12 650.00	
1	EUR	CHF	1.095	= CHF 13 851.75

Bankgutschrift für Überweisung «SWM AB», Stockholm

x	CHF	SEK	166 400.00	
100	SEK	CHF	10.745	= CHF 17 879.70

Gutschrift Bankkonto «STEEL-TEMP»   **CHF 31 731.45**

Aufgabe 2.15

a) Theoretischer Verkaufspreis in Dänemark

x	DKK	CHF	130.95	
15.25	CHF	DKK	100	= **DKK 858.69**

b) Maximaler Kurs

x	CHF	DKK	100	
900.00	DKK	CHF	130.95	= **CHF 14.55**

3 Kreditverkehr und Verluste aus Forderungen

Aufgabe 3.1

	R	F	
a)	☐	☒	Forderungsausfälle werden im ~~Aufwandskonto~~ «Verluste aus Forderungen» verbucht. **im Minusertragskonto**
b)	☒	☐	Verluste aus Forderungen bewirken eine Verringerung des Nettoerlöses und des Bruttogewinns.
c)	☒	☐	Wird ein Verlustschein in der gleichen Rechnungsperiode noch beglichen, werden die Forderungsverluste reduziert.
d)	☐	☒	Mahnungen werden ~~immer verbucht, weil sie dem Gläubiger Kosten verursachen.~~ **nur dann verbucht, wenn Kosten in Rechnung gestellt werden.**
e)	☐	☒	Der Forderungsausfall wird ~~nach Abschluss des Mahnverfahrens verbucht.~~ **nach Abschluss des Betreibungsverfahrens verbucht.**
f)	☒	☐	Mit der Bonitätsprüfung wird die Kreditwürdigkeit eines Kunden beurteilt, um Zahlungsausfälle zu vermeiden.
g)	☐	☒	Der Vorschuss der Betreibungskosten wird auf ~~das Konto «Verwaltungsaufwand» gebucht.~~ **das Konto «Forderungen L+L» gebucht.**
h)	☐	☒	Bevor die Betreibung eingeleitet werden kann, sind ~~drei Mahnungen vorgeschrieben.~~ **drei Mahnungen üblich.**
i)	☒	☐	Verzugszinsen, welche Kunden zahlen müssen, werden auf das Konto «Finanzertrag» gebucht.
j)	☒	☐	Eine Konkursdividende von 20 % bedeutet, dass 80 % der Forderung als Verlust zu verbuchen sind.

Aufgabe 3.2

Datum	Soll	Haben	Text	Betrag
12.4.	Ford. L+L	WaE	F. Stähli, Rechnung	8 000.–
20.5.	keine Buchung			
24.6.	keine Buchung			
30.8.	Ford. L+L	Bank	Kostenvorschuss	70.–
22.11.	Ford. L+L	FinanzE	Verzugszinsen	80.–
	Bank	Ford. L+L	Pfändungserlös	1 500.–
	Verl. Ford.	Ford. L+L	Forderungsverlust	6 650.–

Soll	Forderungen L+L	Haben		Soll	Verluste aus Ford.	Haben
8 000.–						
70.–						
80.–						
		1 500.–				
		6 650.–		6 650.–		
		S. 0.–				S. 6 650.–
8 150.–		8 150.–		6 650.–		6 650.–

Aufgabe 3.3

a)

Datum	Soll	Haben	Text	Betrag
12.10.	Ford. L+L	WaE	Digitec, Rechnung	28 900.50
13.10.	WaE	Verb. L+L	Versandspesen	590.00
20.10.	WaE	Ford. L+L	Digitec, Rücksend.	2 500.00
30.10.	AktivD	Bank	PH Electric, Darl.	125 000.00
6.11.	Ford. L+L	FinanzE	Verzugszins	89.00
	Post	Ford. L+L	Konkursdiv. 25 %	637.25
	Verl. Ford.	Ford. L+L	Verlust 75 %	1 911.75
15.11.	WaE	Ford. L+L	Skonto	528.00
	Bank	Ford. L+L	Banküberweisung	25 872.50
20.11.	WaA	Verb. L+L	Fela, Lieferung	21 878.95
1.12.	Ford. L+L	Verl. Ford.	Kummer, Storno	789.95
	Post	Ford. L+L	Kummer, Überw.	789.95
31.12.	WaV	WaA	Zunahme Vorrat	11 340.00

Variante mit einer Buchung

Datum	Soll	Haben	Text	Betrag
1.12.	Post	Verl. Ford.	Kummer, Überw.	789.95

b)

Datum	Soll	Haben	Text	Betrag
30.10.	AktivD	Bank	PH Electric, Darl.	125 000.00
6.11.	Post	Ford. L+L	Konkursdiv. 25 %	637.25
15.11.	Bank	Ford. L+L	Banküberweisung	25 872.50
1.12.	Post	Ford. L+L	Kummer, Überw.	789.95

Aufgabe 3.4

Nr.	Geschäftsfall	Ford. L+L		Verl. Ford.	
		Soll	Haben	Soll	Haben
1.	Der Kunde zahlt einen Teilbetrag durch Überweisung auf das Bankkonto.		X		
2.	Da eine Betreibung aussichtslos wäre, wird eine Forderung ausgebucht.		X	X	
3.	Ein Kunde gibt für eine Forderung Büromöbel an Zahlung.		X		
4.	Der Vorschuss der Betreibungskosten wird durch Banküberweisung bezahlt.	X			
5.	Einem Kunden wird nachträglich ein Rabatt von 10 % gewährt.		X		
6.	Die Konkursdividende von 17 % wird auf das Bankkonto überwiesen.		X		
7.	Ein Kunde zahlt nachträglich eine Forderung, die im gleichen Jahr ausgebucht wurde.				X
8.	Aufgrund der Zahlungsverzögerung wird einer Kundin ein Verzugszins belastet.	X			
9.	Für den ungedeckten Teil einer Forderung trifft ein Verlustschein ein.		X	X	
10.	Eine Forderung wird in ein längerfristiges Darlehen umgewandelt.		X		

Aufgabe 3.5

Nr.	Soll	Haben	Text	Betrag
1.	Ford. L+L	WaE	Seeblick, Rechnung	12 500.–
2.	WaA	Verb. L+L	Sauter, Lieferung	18 600.–
3.	Ford. L+L	WaE	Brunner, Rechnung	3 400.–
4.	Verl. Ford.	Ford. L+L	Regenbogen, Verzicht	2 650.–
	Bank	Ford. L+L	Regenbogen, Zahlung	2 650.–
5.	Verb. L+L	WaA	Sauter, Skonto	465.–
	Verb. L+L	Bank	Sauter, Überweisung	18 135.–
6.	Verl. Ford.	Ford. L+L	Klarer, Verlustschein	580.–
7.	Post	A.o. Ertrag	Stark, Zahlung	1 340.–
8.	keine Buchung			
9.	Ford. L+L	Bank	Seeblick, Betreibung	100.–
10.	WaA	Kasse	Bezugskosten	150.–
11.	Ford. L+L	Bank	Brunner, Betreibung	70.–
12.	Post	Verl. Ford.	Klarer, Überweisung	580.–
13.	Ford. L+L	FinanzE	Verzugszins	60.–
	Bank	Ford. L+L	Verwertungserlös	1 200.–
	Verl. Ford.	Ford. L+L	Verlustschein	2 330.–
14.	Ford. L+L	FinanzE	Verzugszins	160.–
	Post	Ford. L+L	Konkursdividende 20 %	2 552.–
	Verl. Ford.	Ford. L+L	Verlust 80 %	10 208.–

Soll	Verluste Ford.	Haben
2 650.–		580.–
580.–		
2 330.–		
10 208.–		
		S. 15 188.–
15 768.–		15 768.–

Aufgabe 3.6

Nr.	Buchungssatz	Geschäftsfall
a)	Ford. L+L / Warenerlöse	Rechnung an Kunde für Warenlieferung
b)	Bank / Ford. L+L	Kunde überweist auf Bankkonto
c)	Verl. Ford. / Ford. L+L	Forderungsverlust gemäss Verlustschein
d)	Ford. L+L / Finanzertrag	Verzugszins wird in Rechnung gestellt
e)	Bank / Verl. Ford.	Nachträgliche Zahlung (Verlust wurde im gleichen Jahr gebucht.)
f)	Ford. L+L / Bank	Banküberweisung des Vorschusses der Betreibungskosten
g)	Warenerlöse / Ford. L+L	Kunde sendet Waren zurück (oder Rabatt, Skonto)
h)	Fahrzeuge / Ford. L+L	Kunde gibt Fahrzeug an Zahlung
i)	Bank / A.o. Ertrag	Nachträgliche Zahlung (Verlust wurde in einem früheren Jahr gebucht.)
j)	Aktivdarlehen / Ford. L+L	Forderung wird in ein längerfristiges Darlehen umgewandelt.

Aufgabe 3.7

a)

Aufwand	Dreistufige Erfolgsrechnung		Ertrag
Warenaufwand	1 562 600.–	Warenerlöse	2 450 000.–
Bruttogewinn	**752 160.–**	Verluste Forderungen	- 135 240.–
	2 314 760.–		2 314 760.–
Personalaufwand	441 400.–	Bruttogewinn	752 160.–
Raumaufwand	43 000.–	Finanzertrag	36 200.–
Unterhalt/Reparaturen	5 100.–		
Fahrzeugaufwand	12 100.–		
Verwaltungsaufwand	16 900.–		
Werbeaufwand	22 900.–		
Sonstiger BA	13 100.–		
Abschreibungen	44 800.–		
Finanzaufwand	7 000.–		
Betriebsgewinn	**182 060.–**		
	788 360.–		788 360.–
Liegenschaftsaufwand	62 800.–	Betriebsgewinn	182 060.–
Unternehmungsgew.	**194 660.–**	Liegenschaftsertrag	75 400.–
	257 460.–		257 460.–

b)

Ausfallrisiko:

Rechnungsbeträge (Umsatz auf Kredit)	CHF	2 450 000.–	= 100,00 %
Forderungsverluste	CHF	135 240.–	= **5,52 %**

Beurteilung:

Das ist ein relativ hoher Wert. Die Bonitätsprüfungen und das Mahnverfahren müssen verbessert werden.

Aufgabe 3.8

Nr.	Soll	Haben	Text	Betrag
1.	Bank	Kasse	Bareinzahlung	8 000.00
2.	Übr. PersA	Verb. L+L	Stelleninserate	2 370.00
3.	Keine Buchung			
4.	Verl. Ford.	Ford. L+L	Ebersmann, Verzicht	1 050.00
	AktivD	Ford. L+L	Umwandlung in Darl.	3 150.00
5.	Bank	A.o. Ertrag	Maier, Zahlung	1 500.00
6.	Ford. L+L	WaE	Xerag, Rechnung	6 900.00
7.	Verl. Ford.	Ford. L+L	Möckli, Verlust	3 600.00
8.	WaE	Ford. L+L	Xerag, Rücksendung	2 400.00
9.	Ford. L+L	FinanzE	Verzugszins	30.00
	Post	Ford. L+L	Konkursdividende 12 %	444.00
	Verl. Ford.	Ford. L+L	Verlust 88 %	3 256.00
10.	WaE	Ford. L+L	Xerag, 2 % Skonto	90.00
	Bank	Ford. L+L	Xerag, Überweisung	4 410.00
11.	Ford. L+L	Bank	Delta, Betreibung	70.00
12.	VerwA	Kasse	Kauf Kopierpapier	82.00
13.	FzA	Verb. L+L	MFZ-Versicherung	882.50
14.	Verl. Ford.	Ford. L+L	Totalverlust	8 970.00

Soll	Verluste Ford.	Haben
1 050.00		
3 600.00		
3 256.00		
8 970.00		
	S. 16 876.00	
16 876.00		16 876.00

Aufgabe 3.9*

31.12.20.1

		Soll	WB Ford.	Haben
1.1.	Eröffnung			AB 0.–
31.12.	Saldo Ford. L+L CHF 250 000.–, WB auf Forderungen, Ansatz 5 %			12 500.–
31.12.	Abschluss des Kontos WB Ford.		S. 12 500.–	
			12 500.–	12 500.–

Datum	Soll	Haben	Text	Betrag
31.12.	Verl. Ford.	WB Ford.	Bildung WB Ford.	12 500.–

Aktiven	Bilanz (Auszug)		Passiven
Umlaufvermögen		Fremdkapital	
Ford. L+L	250 000.–	...	
WB Ford.	- 12 500.– 237 500.–	...	
...		...	

31.12.20.2

		Soll	WB Ford.	Haben
1.1.	Eröffnung			AB 12 500.–
31.12.	Saldo Ford. L+L CHF 310 000.–, WB auf Forderungen, Ansatz 5 %			3 000.–
31.12.	Abschluss des Kontos WB Ford.		S. 15 500.–	
			15 500.–	15 500.–

Datum	Soll	Haben	Text	Betrag
31.12.	Verl. Ford.	WB Ford.	Anpassung WB	3 000.–

Aktiven	Bilanz (Auszug)		Passiven
Umlaufvermögen		Fremdkapital	
Ford. L+L	310 000.–	...	
WB Ford.	15 500.– 294 500.–	...	
...		...	

31.12.20.3

		Soll	WB Ford.	Haben
1.1.	Eröffnung			AB 15 500.–
31.12.	Saldo Ford. L+L CHF 270 000.–,			
	WB auf Forderungen, Ansatz 5 %		2 000.–	
31.12.	Abschluss des Kontos WB Ford.		S. 13 500.–	
			15 500.–	15 500.–

Datum	Soll	Haben	Text	Betrag
31.12.	WB Ford.	Verl. Ford.	Anpassung WB	2 000.–

Aktiven		Bilanz (Auszug)		Passiven
Umlaufvermögen			Fremdkapital	
Ford. L+L	270 000.–		...	
WB Ford.	13 500.–	256 500.–	...	
...				

Einfluss auf den Gewinn im Jahr 20.3:

Der Gewinn steigt, weil diese Buchung eine Verminderung des Aufwandes bewirkt.

Aufgabe 3.10*

Jahr 1

Bestand Ford. L+L	Bestand WB Ford.	WB-Ansatz in %	
1.1. : CHF 200 000.–	1.1. : CHF 0.–	0 %	
31.12. : CHF 250 000.–	31.12. : CHF 12 500.–	5 %	Buchungssatz mit Betrag: **Verl. Ford. / WB Ford. 12 500.–**

Jahr 2

Bestand Ford. L+L	Bestand WB Ford.	WB-Ansatz in %	
1.1. : **CHF 250 000.–**	1.1. : **CHF 12 500.–**	**5 %**	
31.12. : CHF 200 000.–	31.12. : **CHF 10 000.–**	5 %	Buchungssatz mit Betrag: **WB Ford. / Verl. Ford. 2 500.–**

Jahr 3

Bestand Ford. L+L	Bestand WB Ford.	WB-Ansatz in %	
1.1. : **CHF 200 000.–**	1.1. : **CHF 10 000.–**	**5 %**	
31.12. : CHF 300 000.–	31.12. : **CHF 15 000.–**	5 %	Buchungssatz mit Betrag: **Verl. Ford. / WB Ford. 5 000.–**

Jahr 4

Bestand Ford. L+L	Bestand WB Ford.	WB-Ansatz in %	
1.1. : **CHF 300 000.–**	1.1. : **CHF 15 000.–**	**5 %**	
31.12. : **CHF 275 000.–**	31.12. : CHF 13 750.–	5 %	Buchungssatz mit Betrag: **WB Ford. / Verl. Ford. 1 250.–**

Jahr 5

Bestand Ford. L+L	Bestand WB Ford.	WB-Ansatz in %	
1.1. : **CHF 275 000.–**	1.1. : **CHF 13 750.–**	**5 %**	
31.12. : CHF 225 000.–	31.12. : CHF 10 125.–	**4,5 %**	Buchungssatz mit Betrag: **WB Ford. / Verl. Ford. 3 625.–**

Aufgabe 3.11*

20.1

Bestand Forderungen L+L (offene Guthaben)	840 000.–
Ausfallrisiko 4 % der Forderungen	⬇
Notwendige Wertberichtigung	**33 600.–**
- Vorhandene Wertberichtigung	38 000.–
Anpassung der Wertberichtigung	**- 4 400.–**

Datum	Soll	Haben	Text	Betrag
31.12.	WB Ford.	Verl. Ford.	Anpassung WB	4 400.–

20.2

Bestand Forderungen L+L (offene Guthaben)	**910 000.–**
Ausfallrisiko 3 % der Forderungen	⬇
Notwendige Wertberichtigung	27 300.–
- Vorhandene Wertberichtigung	**33 600.–**
Anpassung der Wertberichtigung	**- 6 300.–**

Datum	Soll	Haben	Text	Betrag
31.12.	WB Ford.	Verl. Ford.	Anpassung WB	6 300.–

20.3

Bestand Forderungen L+L (offene Guthaben)	**860 000.–**
Ausfallrisiko 3,5 % der Forderungen	⬇
Notwendige Wertberichtigung	**30 100.–**
- Vorhandene Wertberichtigung	**27 300.–**
Anpassung der Wertberichtigung	+ 2 800.–

Datum	Soll	Haben	Text	Betrag
31.12.	Verl. Ford.	WB Ford.	Anpassung WB	2 800.–

Aufgabe 3.12*

Nr.	Soll	Haben	Text	Betrag
1.	Ford. L+L	Bank	Bielmann, Betreibung	80.–
2.	Ford. L+L	FinanzE	Bielmann, Verzugszins	230.–
3.	Bank	Ford. L+L	Erlös Betreibung	3 100.–
	Verl. Ford.	Ford. L+L	Verlust Restbetrag	1 600.–
4.	Verl. Ford.	WB Ford.	Erhöhung WB Ford.	3 700.–
5.	Kasse	A.o. Ertrag	Nachträgliche Zahlung	800.–
6.	Ford. L+L	FinanzE	Verzugszins	300.–
	AktivD	Ford. L+L	Umwandlung in Darl.	4 500.–
7.	Fahrzeuge	Ford. L+L	Übernahme Fahrzeug	8 000.–
	Verl. Ford.	Ford. L+L	Verzicht Restbetrag	1 100.–
8.	Verl. Ford.	Ford. L+L	Verlust Forderung	420.–
9.	WaA	Verl. Ford.	Verr. Warenlieferung	1 400.–
10.	WB Ford.	Verl. Ford.	Reduktion WB Ford.	1 700.–

4 Abschreibungen

Aufgabe 4.1

	R	F	
a)	☒	☐	Die Abschreibungen verkleinern den Reingewinn, sind aber nicht liquiditätswirksam.

b) ☐ ☒ Die Transportkosten beim Kauf einer Maschine ~~dürfen nicht aktiviert werden.~~
werden aktiviert.

c) ☐ ☒ Bei der Abschreibung vom Anschaffungswert ~~nimmt~~ der Abschreibungsbetrag ~~von Jahr zu Jahr ab.~~
bleibt der Abschreibungsbetrag **unverändert.**

d) ☐ ☒ Bei Fahrzeugen ist die ~~lineare~~ Abschreibung realistischer als die ~~degressive~~ Abschreibung.
… die **degressive** Abschreibung realistischer als die **lineare** Abschreibung.

e) ☒ ☐ Die degressive Abschreibung ist vorsichtiger, da in den ersten Jahren grössere Abschreibungen verbucht werden.

f) ☐ ☒ In Kleinbetrieben werden in der Regel Anschaffungen ab einem Wert von ~~CHF 5 000.–~~ aktiviert.
CHF 1 000.–

g) ☒ ☐ Die Abschreibungen dienen unter anderem dazu, den Aufwand auf die Nutzungsdauer zu verteilen.

h) ☐ ☒ Sachanlagen, die über längere Zeit nicht verwendet werden, müssen ~~nicht~~ abgeschrieben werden.
trotzdem (Abschreibungen sind wegen Alterung und technologischer Entwicklung nötig.)

i) ☐ ☒ Normalerweise verwendet man bei der ~~linearen~~ Abschreibung im Vergleich zur ~~degressiven~~ den doppelten Prozentsatz.
… der **degressiven** Abschreibung im Vergleich zur **linearen** den …

j) ☒ ☐ Bei der linearen Abschreibung beträgt der Restwert am Ende der Nutzungsdauer null Franken.

Aufgabe 4.2

Jahr	Lineare Abschreibung		Degressive Abschreibung	
	Abschreibung	Restwert	Abschreibung	Restwert
1	16 400.–	65 600.–	32 800.–	49 200.–
2	16 400.–	49 200.–	19 680.–	29 520.–
3	16 400.–	32 800.–	11 808.–	17 712.–
4	16 400.–	16 400.–	7 085.–	10 627.–
5	16 400.–	0.–	4 251.–	6 376.–

Aufgabe 4.3

Jahr	Lineare Abschreibung		Degressive Abschreibung	
	Abschreibung	Restwert	Abschreibung	Restwert
1	4 750.–	33 250.–	9 500.–	28 500.–
2	4 750.–	28 500.–	7 125.–	21 375.–
3	4 750.–	23 750.–	5 344.–	16 031.–
4	4 750.–	19 000.–	4 008.–	12 023.–
5	4 750.–	14 250.–	3 006.–	9 017.–
6	4 750.–	9 500.–	2 254.–	6 763.–
7	4 750.–	4 750.–	1 691.–	5 072.–
8	4 750.–	0.–	1 268.–	3 804.–

Aufgabe 4.4

a)

		CHF	66 400.–	100 %
BKreditAP (Katalogpreis)	CHF	66 400.–	100 %
- Rabatt	CHF	3 320.–	5 %
NKreditAP (Rechnung)	CHF	63 080.–	95 %
- Skonto	CHF	0.–	
NBarAP (Zahlung)	CHF	63 080.–	
+ Transport	CHF	1 560.–	
+ Installation	CHF	760.–	
Anschaffungskosten	**CHF**	**65 400.–**	

$$\text{Abschreibungen / Jahr} = \frac{\text{CHF 65 400.–}}{\text{6 Jahre}} = \textbf{CHF 10 900.–}$$

b)

		CHF	112 500.–	100 %	
BKreditAP (Katalogpreis)	CHF	112 500.–	100 %	
- Rabatt	CHF	6 750.–	6 %	
NKreditAP (Rechnung)	CHF	105 750.–	94 % →	100 %
- Skonto	CHF	2 115.–		2 %
NBarAP (Zahlung)	CHF	103 635.–		98 %
+ Transport	CHF	1 765.–		
+ Installation	CHF	0.–		
Anschaffungskosten	**CHF**	**105 400.–**		

$$\text{Abschreibungen / Jahr} = \frac{\text{CHF 105 400.–}}{\text{8 Jahre}} = \textbf{CHF 13 175.–}$$

c)

		CHF	90 200.–	
BKreditAP (Katalogpreis)	CHF	90 200.–	
- Rabatt	CHF	0.–	
NKreditAP (Rechnung)	CHF	90 200.–	100 %
- Skonto	CHF	2 706.–	3 %
NBarAP (Zahlung)	CHF	87 494.–	97 %
+ Transport	CHF	780.–	
+ Installation	CHF	1 226.–	
Anschaffungskosten	**CHF**	**89 500.–**	

$$\text{Abschreibungen / Jahr} = \frac{\text{CHF 89 500.–}}{\text{5 Jahre}} = \textbf{CHF 17 900.–}$$

Aufgabe 4.5

a)

Geschäftsfall	Soll	Haben	Betrag
Rechnung des Lieferanten	Mobiliar	Verb. L+L	40 700.–
2 % Skonto	Verb. L+L	Mobiliar	814.–
Banküberweisung	Verb. L+L	Bank	39 886.–
Transportkosten	Mobiliar	Kasse	314.–

b)

BKreditAP (Katalogpreis)	CHF	40 700.–	100 %
- Skonto	CHF	814.–	2 %
NBarAP (Zahlung)	CHF	39 886.–	98 %
+ Transport		314.–	
Anschaffungswert	**CHF**	**40 200.–**	

c) Abschreibungen / Jahr $= \dfrac{\text{CHF } 40\ 200.-}{10 \text{ Jahre}} =$ **CHF 4 020.–**

d) Buchwert nach 6 Jahren = 40 200.– - (6 × 4 020.–) = **CHF 16 080.–**

Aufgabe 4.6

Jahr	Degressive Abschreibung	
	Abschreibung	Restwert
1	16 890.–	39 410.–
2	**a) 11 823.–**	**b) 27 587.–**
3	8 276.–	19 311.–
4	5 793.–	13 518.–
5	**c) 4 055.–**	**d) 9 463.–**

Aufgabe 4.7

a) Anschaffungswert $= \dfrac{\text{CHF } 10\,476.-}{0.6 \times 0.6 \times 0.6} = $ **CHF 48 500.-**

Jahr	Degressive Abschreibung	
	Abschreibung	Restwert
1	b) 19 400.-	29 100.-
2	11 640.-	17 460.-
3	c) 6 984.-	10 476.-
4	4 190.-	6 286.-
5	2 514.-	d) 3 772.-

Aufgabe 4.8

a)

Soll	Mobiliar	Haben	Soll	WB Mobiliar	Haben
Anfangsbestand					Anfangsbestand
Käufe		Verkäufe			Abschreibungen
		Saldo	Saldo		

b) Anschaffungswert des Mobiliars

c) Saldo Konto Mobiliar

- Saldo Konto WB Mobiliar

Buchwert

Aufgabe 4.9 a)

a) Direkte Abschreibung

1. Jahr	Soll	Maschinen	Haben
	AB	0.–	

Kauf einer Maschine für
CHF 94 600.– gegen Rechnung

| **Maschinen / Verb. L+L** | 94 600.– | |

Bankzahlung der Maschine
unter Abzug von 5 % Rabatt

Verb. L+L / Maschinen | | 4 730.–

Verb. L+L / Bank (89 870.–)

Barzahlung der Transportkosten
von CHF 1 330.–

Maschinen / Kasse | 1 330.– |

Abschreibung 20 % vom
Anschaffungswert der Maschine

Abschreibung / Maschinen | | 18 240.–

Abschluss des Kontos | | S. 72 960.–

| | 95 930.– | 95 930.– |

2. Jahr	Soll	Maschinen	Haben
Eröffnung	AB 72 960.–		

Abschreibung 20 % vom
Anschaffungswert der Maschine

Abschreibung / Maschinen | | 18 240.–

Abschluss des Kontos | | S. 54 720.–

| | 72 960.– | 72 960.– |

3. Jahr	Soll	Maschinen	Haben
Eröffnung	AB 54 720.–		

Abschreibung 20 % vom
Anschaffungswert der Maschine

Abschreibung / Maschinen | | 18 240.–

Abschluss des Kontos | | S. 36 480.–

| | 54 720.– | 54 720.– |

Aufgabe 4.9 b)

b) Indirekte Abschreibung

1. Jahr	Soll	Maschinen	Haben	Soll	WB Masch	Haben
	AB 0.–				AB	0.–
Kauf einer Maschine für CHF 94 600.– gegen Rechnung **Maschinen / Verb. L+L**	94 600.–					
Bankzahlung der Maschine unter Abzug von 5 % Rabatt **Verb. L+L / Maschinen** **Verb. L+L / Bank (89 870.–)**		4 730.–				
Barzahlung der Transportkosten von CHF 1 330.– **Maschinen / Kasse**	1 330.–					
Abschreibung 20 % vom Anschaffungswert der Maschine **Abschreibung / WB Masch**						18 240.–
Abschluss der Konten		S. 91 200.–		S. 18 240.–		
	95 930.–	95 930.–		18 240.–		18 240.–

2. Jahr	Soll	Maschinen	Haben	Soll	WB Masch	Haben
Eröffnung	AB 91 200.–				AB	18 240.–
Abschreibung 20 % vom Anschaffungswert der Maschine **Abschreibung / WB Masch**						18 240.–
Abschluss der Konten		S. 91 200.–		S. 36 480.–		
	91 200.–	91 200.–		36 480.–		36 480.–

3. Jahr	Soll	Maschinen	Haben	Soll	WB Masch	Haben
Eröffnung	AB 91 200.–				AB	36 480.–
Abschreibung 20 % vom Anschaffungswert der Maschine **Abschreibung / WB Masch**						18 240.–
Abschluss der Konten		S. 91 200.–		S. 54 720.–		
	91 200.–	91 200.–		54 720.–		54 720.–

Aufgabe 4.10

a) Direkte Abschreibung	Soll	Fahrzeuge	Haben
	AB	0.–	
Kauf eines Fahrzeuges für CHF 37 500.– gegen Rechnung			
Fahrzeuge / Verb. L+L		37 500.–	
Bankzahlung des Fahrzeuges unter Abzug von 2 % Skonto			
Verb. L+L / Fahrzeuge			750.–
Verb. L+L / Bank (36 750.–)			
Kauf eines gebrauchten Autos für CHF 14 300.– gegen Barzahlung			
Fahrzeuge / Kasse		14 300.–	
Abschreibung 30 % vom Buchwert der vorhandenen Fahrzeuge			
Abschreibung / Fahrzeuge			15 315.–
Abschluss des Kontos			S. 35 735.–
		51 800.–	51 800.–

b) Indirekte Abschreibung	Soll	Fahrzeuge	Haben	Soll	WB Fz	Haben
	AB	0.–			AB	0.–
Kauf eines Fahrzeuges für CHF 37 500.– gegen Rechnung						
Fahrzeuge / Verb. L+L		37 500.–				
Bankzahlung des Fahrzeuges unter Abzug von 2 % Skonto						
Verb. L+L / Fahrzeuge			750.–			
Verb. L+L / Bank (36 750.–)						
Kauf eines gebrauchten Autos für CHF 14 300.– gegen Barzahlung						
Fahrzeuge / Kasse		14 300.–				
Abschreibung 30 % vom Buchwert der vorhandenen Fahrzeuge						
Abschreibung / WB Fz						15 315.–
Abschluss der Konten			S. 51 050.–		S. 15 315.–	
		51 800.–	51 800.–		15 315.–	15 315.–

Aufgabe 4.11

a)

1. Jahr	Soll	Mobiliar	Haben	Soll	Abschr	Haben
Anfangsbestand	AB 47 050.–					
Kauf einer Büroeinrichtung für CHF 28 400.– gegen Rechnung **Mobiliar / Verb. L+L**	28 400.–					
Der Lieferant schreibt CHF 900.– für die Rücknahme eines Schrankes gut. **Verb. L+L / Mobiliar**			900.–			
Bankzahlung des Restbetrages unter Abzug von 2 % Skonto **Verb. L+L / Mobiliar**			550.–			
Verb. L+L / Bank (26 950.–)						
Degressive Abschreibung 25 % **Abschreibung / Mobiliar**			18 500.–	18 500.–		
Abschluss der Konten			S. 55 500.–			S. 18 500.–
	75 450.–		75 450.–	18 500.–		18 500.–

2. Jahr	Soll	Mobiliar	Haben	Soll	Abschr	Haben
Anfangsbestand	AB 55 500.–					
Kauf von Büromöbeln für CHF 6 200.– mit Banküberweisung **Mobiliar / Bank**	6 200.–					
Die Transportkosten von CHF 300.– werden bar bezahlt. **Mobiliar / Kasse**	300.–					
Degressive Abschreibung 25 % **Abschreibung / Mobiliar**			15 500.–	15 500.–		
Abschluss der Konten			S. 46 500.–			S. 15 500.–
	62 000.–		62 000.–	15 500.–		15 500.–

b) Anschaffungswert = CHF 26 950.–

c) Buchwert im zweiten Jahr = CHF 46 500.–

d) Die Anschaffungswerte der am Anfang vorhandenen Mobilien sind nicht bekannt.

Aufgabe 4.12

1. Jahr	Soll	Fahrzeuge	Haben	Soll	WB Fz	Haben
Anfangsbestand	AB 85 500.–					AB 34 200.–
Kauf eines neuen Lieferwagens für CHF 38 500.– gegen Rechnung						
Fahrzeuge / Verb. L+L	38 500.–					
Bankzahlung der Rechnung unter Abzug von 2 % Skonto						
Verb. L+L / Fahrzeuge		770.–				
Verb. L+L / Bank (37 730.–)						
Barzahlung für den Einbau von Regalen CHF 1 470.–						
Fahrzeuge / Kasse	1 470.–					
Degressive Abschreibung 40 %						
Abschreibung / WB Fz						36 200.–
Abschluss der Konten		S. 124 700.–		S. 70 400.–		
	125 470.–	125 470.–		70 400.–		70 400.–

2. Jahr	Soll	Fahrzeuge	Haben	Soll	WB Fz	Haben
Anfangsbestand	AB 124 700.–					AB 70 400.–
Kauf eines Fahrzeuges für CHF 40 600.– auf Kredit						
Fahrzeuge / Verb. L+L	40 600.–					
Der Autolieferant nimmt ein gebrauchtes Fahrzeug mit CHF 5 000.– (Buchwert) an Zahlung. Die kumulierten Abschreibungen auf diesem Fahrzeug von CHF 12 000.– sind aufzulösen						
Verb. L+L / Fahrzeuge		5 000.–				
WB Fz / Fahrzeuge		12 000.–		12 000.–		
Banküberweisung des Restbetrags für das Fahrzeug						
Verb. L+L / Bank (35 600.–)						
Degressive Abschreibung 40 %						
Abschreibung / WB Fz						35 960.–
Abschluss der Konten		S. 148 300.–		S. 94 360.–		
	165 300.–	165 300.–		106 360.–		106 360.–

Finanz- und Rechnungswesen – Grundlagen 2: Lösungen

Aufgabe 4.13

Nr.	Soll	Haben	Text	Betrag
1.	Ford. L+L	Transp.E	Rechnung netto	2 350.00
	Ford. L+L	Verb. MWST	Umsatzsteuer	180.95
2.	Fahrzeuge	Verb. L+L	Kauf Lieferwagen	41 200.00
	Vorsteuer 1171	Verb. L+L	Vorsteuer Lieferwagen	3 172.40
3.	Kasse	Transp.E	Barzahlung Kunde	725.00
	Kasse	Verb. MWST	Umsatzsteuer	55.85
4.	Mobiliar	Verb. L+L	Kauf Büroeinrichtung	5 600.00
	Vorsteuer 1171	Verb. L+L	Vorsteuer Büroeinr.	431.20
5.	Mobiliar	Kasse	Transport Büroeinr.	625.00
	Vorsteuer 1171	Kasse	Vorsteuer Transport	48.15
6.	Treibst.A	Verb. L+L	Rechnung Benzin	1 062.00
7.	RaumA	Verb. L+L	Rechnung Reinigung	460.00
8.	Verb. L+L	RaumA	Rabatt Reinigung	23.00
	Verb. L+L	Bank	Bankzahlung	437.00
9.	Bank	Ford. VST	Rückzahlung VST	419.00
10.	Unt./Rep. Fz	Verb. L+L	Servicearbeiten	1 530.00
11.	Lohnaufwand	Bank	Auszahlung Nettolöhne	45 800.00
12.	Sonst. Fahrz.A	Verb. L+L	Fahrzeugversicherung	12 400.00
13.	Verb. L+L	Passivdarlehen	Umwandlung Schuld	8 500.00
14.	Übriger Pers.A	Kasse	Reisespesen	118.00
15.	Ford. L+L	Transp.E	Rechnung Transporte	4 080.00
16.	Werbeaufwand	Ford. L+L	Werbegeschenke	1 400.00
	Bank	Ford. L+L	Restzahlung	2 680.00
17.	Verb. MWST	Bank	Zahlung MWST	14 700.00
18.	VerwaltungsA	Kasse	Briefmarken	230.00

Nr.	Soll	Haben	Text	Betrag
19.	Raumaufwand	Verb. L+L	Nebenkosten	583.00
20.	Bank	Finanzertrag	Darlehenszins	2 600.00
	Bank	Aktivdarlehen	Abzahlung Darlehen	10 000.00
21.	VerwaltungsA	Verb. L+L	Druck Briefpapiere	1 850.00
22.	Verb. L+L	VerwaltungsA	2 % Skonto	37.00
	Verb. L+L	Bank	Restzahlung	1 813.00
23.	Sonstiger BA	Verb. L+L	Mobiliarversicherung	860.00
24.	Unt./Rep. Fz	Kasse	Reparatur Lieferwagen	210.00
25.	Ford. L+L	Finanzertrag	Verzugszins	190.00
26.	Raumaufwand	Bank	Miete Büroräume	1 600.00
27.	Bank	Finanzertrag	Nettozins	273.00
	Ford. VST	Finanzertrag	35 % VST	147.00
28.	Fahrzeuge	Verb. L+L	Kauf Kleintransporter	35 000.00
	Verb. L+L	Fahrzeuge	Anrechnung altes Fz	4 000.00
	WB Fahrzeuge	Fahrzeuge	Rückbuchung kum. Abs.	19 000.00

Buchungen beim Jahresabschluss

Nr.	Soll	Haben	Text	Betrag
29.	Abschreibung	Mobiliar	Abschreibung 25 %	7 000.00
30.	Abschreibung	WB Fahrzeuge	Abschreibung indirekt	58 100.00

Aufgabe 4.14* a) und b)

a)

Soll	Fahrzeuge	Haben

	Soll	Haben
Betrag, welcher das zu verkaufende Fahrzeug betrifft	14 800.–	
Verkauf eines gebrauchten Lieferwagens für CHF 16 500.– gegen Rechnung **Ford. L+L / Fahrzeuge**		16 500.–
Gewinn oder Verlust aus dem Verkauf **Fahrzeuge / A.o. Ertrag**	1 700.–	
Abschluss des Kontos		S. 0.–
	16 500.–	16 500.–

b)

	Soll	Mobiliar	Haben	Soll	WB Mobiliar	Haben
Beträge betreffend der zu verkaufenden Büroeinrichtung	26 000.–					17 900.–
Verkauf einer gebrauchten Büro-einrichtung für CHF 6 200.– gegen bar **Kasse / Mobiliar**			6 200.–			
Auflösung der Wertberichtigung **WB Mobiliar / Mobiliar**			17 900.–	17 900.–		
Gewinn oder Verlust aus dem Verkauf **A.o. Aufwand / Mobiliar**			1 900.–			
Abschluss der Konten			S. 0.–	S. 0.–		
	26 000.–		26 000.–	17 900.–		17 900.–

Aufgabe 4.14* c)

c)

Soll	Maschinen	Haben	Soll	WB Masch	Haben
Beträge betreffend der zu verkaufenden Maschine	95 200.–				68 700.–
Verkauf einer gebrauchten Maschine für CHF 31 000.– gegen Rechnung					
Ford. L+L / Maschinen		31 000.–			
Auflösung der Wertberichtigung **WB Masch / Maschinen**		68 700.–	68 700.–		
Gewinn oder Verlust aus dem Verkauf **Maschinen / A.o. Ertrag**	4 500.–				
Abschluss der Konten		S. 0.–	S. 0.–		
	99 700.–	99 700.–	68 700.–		68 700.–

Aufgabe 4.15*

Nr.	Soll	Haben	Text	Betrag
a)	Ford. L+L	Fahrzeuge	Verkaufserlös	15 500.–
	WB Fahrzeuge	Fahrzeuge	Auflösung WB	32 800.–
	Fahrzeuge	A.o. Ertrag	Verkaufsgewinn	3 200.–
b)	Ford. L+L	Maschinen	Verkaufserlös	12 000.–
	A.o. Aufwand	Maschinen	Verkaufsverlust	3 800.–
c)	Bank	Immobilien	Verkaufserlös	1 180 000.–
	Immobilien	A.o. Ertrag	Verkaufsgewinn	360 000.–
d)	Ford. L+L	Mobiliar	Verkaufserlös	14 800.–
	WB Mobiliar	Mobiliar	Auflösung WB	26 100.–
	A.o. Aufwand	Mobiliar	Verkaufsverlust	1 400.–
e)	Kasse	Fahrzeuge	Verkaufserlös	3 500.–
	A.o. Aufwand	Fahrzeuge	Verkaufsverlust	1 900.–
f)	Ford. L+L	Maschinen	Verkaufserlös	15 000.–
	WB Masch.	Maschinen	Auflösung WB	58 600.–
	Maschinen	A.o. Ertrag	Verkaufsgewinn	1 200.–

Aufgabe 4.16*

Soll	Maschinen	Haben	Soll	WB Masch	Haben	Soll	Abschr	Haben
AB 129 500.–				AB 72 300.–				
	10 200.–							
	29 600.–		29 600.–					
	1 400.–							
48 500.–	970.–							
1 480.–								
30 700.–	12 700.–							
	14 900.–		14 900.–					
			33 783.–		33 783.–			
	S. 140 410.–		S. 61 583.–				S. 33 783.–	
210 180.–	210 180.–		106 083.–	106 083.–		33 783.–	33 783.–	
AB 140 410.–				AB 61 583.–				

Nr.	Soll	Haben	Text	Betrag
2.	Ford. L+L	Maschinen	Verkaufserlös	10 200.–
	WB Maschinen	Maschinen	Auflösung WB	29 600.–
	A.o. Aufwand	Maschinen	Verkaufsverlust	1 400.–
3.	Maschinen	Verb. L+L	Kauf Anlage	48 500.–
4.	Verb. L+L	Maschinen	2 % Skonto	970.–
	Verb. L+L	Bank	Zahlung Restbetrag	47 530.–
5.	Maschinen	Kasse	Transport/Installation	1 480.–
6.	Maschinen	Verb. L+L	Kauf Maschine	30 700.–
	Verb. L+L	Maschinen	Eintausch	12 700.–
	WB Maschinen	Maschinen	Auflösung WB	14 900.–
	Verb. L+L	Bank	Restzahlung	18 000.–
7.	Abschreibung	WB Maschinen	Abschreibung 30 %	33 783.–

5 Abgrenzungen und Rückstellungen

Aufgabe 5.1 a) und b)

a)

Nr.	Datum	Geschäftsfall	Soll	Haben	Betrag
1.	30.9.	Zahlung Versicherung	VersA	Bank	2 800.–
2.	31.12.	Abgrenzung	Aktive RA	VersA	2 100.–
3.	31.12.	Abschluss	SB	Aktive RA	2 100.–
4.	1.1.	Eröffnung	Aktive RA	EB	2 100.–
5.	1.1.	Rückbuchung	VersA	Aktive RA	2 100.–

Altes Geschäftsjahr | **Neues Geschäftsjahr**

Soll	Aktive RA	Haben	Soll	VersA	Haben	Soll	Aktive RA	Haben	Soll	VersA	Haben
2 100.–			2 800.–	2 100.–		AB 2 100.–	2 100.–		2 100.–		
	S. 2 100.–										

b)

Nr.	Datum	Geschäftsfall	Soll	Haben	Betrag
1.	31.12.	Abgrenzung	Verw.A	Passive RA	800.–
2.	31.12.	Abschluss	Passive RA	SB	800.–
3.	1.1.	Eröffnung	EB	Passive RA	800.–
4.	1.1.	Rückbuchung	Passive RA	Verw.A	800.–
5.	20.1.	Eingang Rechnung	Verw.A	Verb. L+L	800.–

Altes Geschäftsjahr | **Neues Geschäftsjahr**

Soll	Passive RA	Haben	Soll	VerwA	Haben	Soll	Passive RA	Haben	Soll	VerwA	Haben
		800.–	800.–				AB 800.–				800.–
S. 800.–							800.–				

Aufgabe 5.1 c) und d)

c)

Nr.	Datum	Geschäftsfall	Soll	Haben	Betrag
1.	31.12.	Abgrenzung	LohnA	Passive RA	14 800.–
2.	31.12.	Abschluss	Passive RA	SB	14 800.–
3.	1.1.	Eröffnung	EB	Passive RA	14 800.–
4.	1.1.	Rückbuchung	Passive RA	LohnA	14 800.–
5.	25.1.	Auszahlung	LohnA	Bank	14 800.–

Altes Geschäftsjahr   **Neues Geschäftsjahr**

Soll Passive RA Haben	Soll LohnA Haben	Soll Passive RA Haben	Soll LohnA Haben
14 800.–	14 800.–	AB 14 800.–	
		14 800.–	14 800.–
S. 14 800.–		14 800.–	

d)

Nr.	Datum	Geschäftsfall	Soll	Haben	Betrag
1.	15.10.	Kauf Büromaterial	Verw.A	Kasse	2 800.–
2.	31.12.	Abgrenzung	Aktive RA	Verw.A	1 400.–
3.	31.12.	Abschluss	SB	Aktive RA	1 400.–
4.	1.1.	Eröffnung	Aktive RA	EB	1 400.–
5.	1.1.	Rückbuchung	Verw.A	Aktive RA	1 400.–

Altes Geschäftsjahr   **Neues Geschäftsjahr**

Soll Aktive RA Haben	Soll VerwA Haben	Soll Aktive RA Haben	Soll VerwA Haben
	2 800.–	AB 1 400.–	
1 400.–	1 400.–	1 400.–	1 400.–
S. 1 400.–			

Aufgabe 5.1 e) und f)

e)

Nr.	Datum	Geschäftsfall	Soll	Haben	Betrag
1.	31.12.	Abgrenzung	FinA	Passive RA	1 200.–
2.	31.12.	Abschluss	Passive RA	SB	1 200.–
3.	1.1.	Eröffnung	EB	Passive RA	1 200.–
4.	1.1.	Rückbuchung	Passive RA	FinA	1 200.–
5.	31.8.	Zahlung Jahreszins	FinA	Bank	3 600.–

Altes Geschäftsjahr				Neues Geschäftsjahr			
Soll Passive RA Haben		Soll FinA Haben		Soll Passive RA Haben		Soll FinA Haben	
	1 200.–	1 200.–			AB 1 200.–		1 200.–
S. 1 200.–				1 200.–		3 600.–	

f)

Nr.	Datum	Geschäftsfall	Soll	Haben	Betrag
1.	31.12.	Abgrenzung	Aktive RA	HonorarE	26 700.–
2.	31.12.	Abschluss	SB	Aktive RA	26 700.–
3.	1.1.	Eröffnung	Aktive RA	EB	26 700.–
4.	1.1.	Rückbuchung	HonorarE	Aktive RA	26 700.–
5.	18.1.	Honorarrechnungen	Ford. L+L	HonorarE	26 700.–

Altes Geschäftsjahr				Neues Geschäftsjahr			
Soll Aktive RA Haben		Soll HonorarE Haben		Soll Aktive RA Haben		Soll HonorarE Haben	
26 700.–			26 700.–		AB 26 700.–	26 700.–	
	S. 26 700.–			26 700.–			26 700.–

Aufgabe 5.2

Nr.	Geschäftsfall / Buchungssatz	Betrag	Auswirkung +/- auf Gewinn
	Reingewinn provisorisch		59 600.–
a)	Von Lieferanten werden Rückvergütungen von etwa CHF 2 500.– in Aussicht gestellt.		
	Aktive RA / Warenaufwand	2 500.–	+ 2 500.–
b)	Für die Nebenkosten (Heizung) müssen voraussichtlich etwa CHF 4 200.– nachbezahlt werden.		
	Raumaufwand / Passive RA	4 200.–	- 4 200.–
c)	Die Rechnung des Treuhänders von CHF 3 400.– ist noch ausstehend.		
	Verwaltungsaufwand / Passive RA	3 400.–	- 3 400.–
d)	Verkaufte noch nicht eingelöste Gutscheine für CHF 8 700.– müssen berücksichtigt werden.		
	Warenerlöse / Passive RA	8 700.–	- 8 700.–
e)	Die Autoversicherung von CHF 1 600.– wurde bereits für das neue Jahr bezahlt.		
	Aktive RA / Fahrzeugaufwand	1 600.–	+ 1 600.–
f)	Für Inserate, die im neuen Jahr erscheinen, wurden bereits CHF 2 500.– bezahlt.		
	Aktive RA / Werbeaufwand	2 500.–	+ 2 500.–
	Reingewinn definitiv		49 900.–

Aufwand	definitive Erfolgsrechnung		Ertrag
Warenaufwand	1 262 800.–	Warenerlöse	1 861 800.–
Personalaufwand	378 200.–		
Raumaufwand	64 200.–		
Fahrzeugaufwand	10 500.–		
Verwaltungsaufwand	13 800.–		
Werbeaufwand	30 300.–		
Sonst. Betriebsaufwand	5 300.–		
Abschreibungen	38 900.–		
Finanzaufwand	7 900.–		
Reingewinn	49 900.–		
	1 861 800.–		1 861 800.–

Aufgabe 5.3

Nr.	Soll	Haben	Text	Betrag
b)	Aktive RA	RaumA	Abgrenzung Lagerraum	400.–
c)	RaumA	Passive RA	Abgrenzung Reinigung	2 800.–
d)	Aktive RA	RaumA	Abgrenzung Miete Januar	4 600.–
e)	RaumA	Passive RA	Abgrenzung NK	1 400.–

Soll	Aktive RA	Haben	Soll	Passive RA	Haben	Soll	RaumA	Haben
						62 300.–		3 100.–
400.–								400.–
					2 800.–	2 800.–		
4 600.–								4 600.–
					1 400.–	1 400.–		
		S. 5 000.–		S. 4 200.–				S. 58 400.–
5 000.–		5 000.–	4 200.–		4 200.–	66 500.–		66 500.–

Aufgabe 5.4

Nr.	Geschäftsfall Buchungssatz	Betrag	Auswirkung +/- auf Gewinn
Reingewinn provisorisch			80 200.–
a)	Die Fahrzeugversicherungen für das nächste Jahr von CHF 9 400.– wurden bereits im alten Jahr bezahlt.		
	Aktive RA / Fahrzeugaufwand	9 400.–	+ 9 400.–
b)	Benzinrechnungen für die letzten 2 Monate von CHF 2 500.– sind noch ausstehend.		
	Fahrzeugaufwand / Passive RA	2 500.–	- 2 500.–
c)	Mitarbeitende haben Anspruch auf Spesen von CHF 800.–. Die Auszahlung erfolgt im neuen Jahr.		
	Übriger PersonalA / Passive RA	800.–	- 800.–
d)	Der Büromaterialvorrat im Wert von CHF 1 500.– wird am Jahresende als Rechnungsabgrenzung gebucht.		
	Aktive RA / VerwaltungsA	1 500.–	+ 1 500.–
e)	Die Kosten des Buchhaltungsabschlusses von CHF 2 200.– werden berücksichtigt.		
	VerwaltungsA / Passive RA	2 200.–	- 2 200.–
f)	Die ausstehende Rechnung für eine Autoreparatur von CHF 1 200.– wird berücksichtigt.		
	Fahrzeugaufwand / Passive RA	1 200.–	- 1 200.–
g)	Einem Mitarbeiter haben wir einen Vorschuss von CHF 4 500.– für den Januar-Lohn ausbezahlt.		
	Aktive RA / Lohnaufwand	4 500.–	+ 4 500.–
h)	Die Rechnung für Inserate von CHF 1 800.– ist noch nicht eingetroffen.		
	Werbeaufwand / Passive RA	1 800.–	- 1 800.–
Reingewinn definitiv			87 100.–

Aufgabe 5.5

	Geschäftsfall	GG	LG	GS	LS	Buchungssatz
1.	Wir berücksichtigen den Vorrat an Werbegeschenken als Rechnungsabgrenzung am Jahresende.		X			Aktive RA / WerbeA
2.	Wir haben im Dezember bereits die Miete für den Januar bezahlt.		X			Aktive RA / RaumA
3.	Ein Kunde hat eine Vorauszahlung geleistet; unsere Lieferung ist noch nicht erfolgt.				X	WaE / Passive RA
4.	Der aufgelaufene Zins eines aufgenommenen Darlehens wird abgegrenzt.			X		FinA / Passive RA
5.	Wir haben die Verkehrssteuer für unsere Fahrzeuge für das neue Jahr bereits bezahlt.		X			Aktive RA / FahrzeugA
6.	Die Rechnung für Servicearbeiten an einem Geschäftsauto ist noch nicht eingetroffen.			X		FahrzeugA / Passive RA
7.	Die Stromrechnung für die letzten drei Monate ist beim Abschluss noch ausstehend.			X		RaumA / Passive RA
8.	Die Betriebshaftpflichtversicherung wurde im September für ein Jahr im Voraus bezahlt.		X			Aktive RA / Sonst. BA
9.	Wir buchen den beim Abschluss aufgelaufenen Zins eines Aktivdarlehens.	X				Aktive RA / FinE
10.	Verschiedene Mitarbeitende haben noch Anspruch auf Entschädigungen von Überstunden.			X		LohnA / Passive RA

Aufgabe 5.6

Nr.	Soll	Haben	Text	Betrag
1.	Übriger Pers.A	Passive RA	Geschäftsessen	1 700.–
2.	Aktive RA	Verw.A	Büromaterial	1 600.–
3.	Aktive RA	RaumA	Lagerraum	800.–
4.	Aktive RA	LohnA	Lohnvorschuss	3 000.–
5.	Verw.A	Passive RA	Telefonrechnung	850.–
6.	Aktive RA	HonorarE	Offene Aufträge	18 600.–
7.	Aktive RA	Sonstiger BA	Mobiliarversicherung	700.–
8.	FinA	Passive RA	Zins Passivdarlehen	2 100.–
9.	FzA	Passive RA	Benzinrechnung	600.–
10.	Aktive RA	RaumA	Rückz. Nebenkosten	1 600.–
11.	Übriger Pers.A	Passive RA	Stelleninserate	3 100.–
12.	LohnA	Passive RA	Zusatzlöhne	12 000.–
13.	HonorarE	Passive RA	Vorauszahlung	5 000.–
14.	RaumA	Passive RA	Stromrechnung	800.–
15.	Aktive RA	Übriger Pers.A	Fachzeitschriften	640.–

Aufgabe 5.7

Nr.	Soll	Haben	Text	Betrag
1.	Aktive RA	Lehrm.A	Vorrat Lehrmittel	2 700.–
2.	LohnA	Passive RA	Überstunden	9 600.–
3.	Aktive RA	WerbeA	Vorrat Prospekte	1 600.–
4.	Schulgelder	Passive RA	Vorausz. Schulgelder	46 000.–
5.	FinA	Passive RA	Zins Passivdarlehen	1 900.–
6.	Aktive RA	WerbeA	Inserate	4 080.–
7.	Aktive RA	Lehrm.A	Rückvergütung Lehrmittel	2 300.–
8.	RaumA	Passive RA	Stromrechnung	1 800.–
9.	Aktive RA	Verw.A	Leasing Kopierer	2 600.–
10.	Aktive RA	Vers.A	Mobiliarversicherung	1 200.–
11.	Verw.A	Passive RA	Telefonrechnung	600.–
12.	Aktive RA	RaumA	Miete Januar	7 300.–
13.	Lehrm.A	Passive RA	Ausst. Rechnung	4 600.–
14.	RaumA	Passive RA	Reinigung	2 800.–
15.	Aktive RA	LohnA	Lohnvorschüsse	6 500.–

Aufgabe 5.8

	Buchungssatz	Bildung	Rückbu.	Geschäftsfall
a)	Aktive RA / VerwaltungsA	X		Abgrenzung des Büromaterialvorrates
b)	EnergieA / Passive RA	X		Abgrenzung der ausstehenden Stromrechnung
c)	LohnA / Aktive RA		X	Rückbuchung der ausbezahlten Lohnvorschüsse
d)	Aktive RA / FinE	X		Abgrenzung der aufgelaufenen Aktivzinsen
e)	Passive RA / WerbeA		X	Rückbuchung von ausstehenden Inseraterechnungen
f)	RaumA / Aktive RA		X	Rückbuchung der vorausbezahlten Miete
g)	Passive RA / WaE		X	Rückbuchung der Vorauszahlung eines Kunden
h)	Aktive RA / FahrzeugA	X		Abgrenzung der vorausbezahlten Autoversicherung
i)	LohnA / Passive RA	X		Abgrenzung von noch nicht ausbezahlten Überstunden
j)	VersicherungA / Aktive RA		X	Rückbuchung der vorausbezahlten Mobiliarversicherung

Aufgabe 5.9

Rechnungen 20.1	CHF	38 300.–
Rechnungen 20.2	CHF	14 500.–
Total Aufwand	CHF	52 800.–

Aufwand pro Jahr: $\dfrac{\text{CHF } 52\,800.–}{3 \text{ Jahre}} = \text{CHF } 17\,600.–$

Jahr 20.1

Soll	Haben	Text	Betrag
WerbeA	Verb. L+L	Rechnung 20.1	38 300.–
Aktive RA	WerbeA	Abgrenzung	20 700.–

Soll	Aktive RA	Haben		Soll	WerbeA	Haben
					38 300.–	
20 700.–						20 700.–
		S. 20 700.–				S. 17 600.–
20 700.–		20 700.–		38 300.–		38 300.–

Jahr 20.2

Soll	Haben	Text	Betrag
WerbeA	Aktive RA	Rückbuchung	20 700.–
WerbeA	Verb. L+L	Rechnung 20.2	14 500.–
Aktive RA	WerbeA	Abgrenzung	17 600.–

Soll	Aktive RA	Haben	Soll	WerbeA	Haben
AB 20 700.–					
		20 700.–	20 700.–		
			14 500.–		
	17 600.–				17 600.–
		S. 17 600.–			S. 17 600.–
	38 300.–	38 300.–	35 200.–		35 200.–

Jahr 20.3

Soll	Haben	Text	Betrag
WerbeA	Aktive RA	Rückbuchung	17 600.–

Soll	Aktive RA	Haben	Soll	WerbeA	Haben
AB 17 600.–					
		17 600.–	17 600.–		
		S. 0.–			S. 17 600.–
	17 600.–	17 600.–	17 600.–		17 600.–

Aufgabe 5.10

1. Jahr

Datum	Soll	Haben	Text	Betrag
31.3.	Bank	Passivdarlehen	Aufnahme Darlehen	90 000.–
31.12.	FinA	Passive RA	Abgrenzung Zins	2 700.–

Soll	PassivD	Haben	Soll	Passive RA	Haben	Soll	FinA	Haben
		90 000.–						
					2 700.–	2 700.–		
	S. 90 000.–			S. 2 700.–				S. 2 700.–
	90 000.–	90 000.–		2 700.–	2 700.–		2 700.–	2 700.–

2. Jahr

Datum	Soll	Haben	Text	Betrag
1.1.	Passive RA	FinA	Rückbuchung	2 700.–
31.3.	FinA	Bank	Jahreszins	3 600.–
31.3.	Passivdarlehen	Bank	Abzahlung	10 000.–
31.12.	FinA	Passive RA	Abgrenzung Zins	2 400.–

Soll	PassivD	Haben	Soll	Passive RA	Haben	Soll	FinA	Haben
		AB 90 000.–			AB 2 700.–			
				2 700.–				2 700.–
	10 000.–						3 600.–	
					2 400.–	2 400.–		
	S. 80 000.–			S. 2 400.–				S. 3 300.–
	90 000.–	90 000.–		5 100.–	5 100.–		6 000.–	6 000.–

3. Jahr

Datum	Soll	Haben	Text	Betrag
1.1.	Passive RA	FinA	Rückbuchung	2 400.–
31.3.	FinA	Bank	Jahreszins	3 200.–
31.3.	Passivdarlehen	Bank	Abzahlung	10 000.–
31.12.	FinA	Passive RA	Abgrenzung Zins	2 100.–

Soll	PassivD	Haben	Soll	Passive RA	Haben	Soll	FinA	Haben
		AB 80 000.–			AB 2 400.–			
				2 400.–				2 400.–
10 000.–							3 200.–	
					2 100.–		2 100.–	
S. 70 000.–			S. 2 100.–					S. 2 900.–
80 000.–	80 000.–		4 500.–	4 500.–		5 300.–	5 300.–	

Aufgabe 5.11

Jahr 20.1

Wir begleichen die Teilrechnung unseres Anwaltes
von CHF 4 000.– durch Banküberweisung.

A.o. Aufwand / Bank   4 000.–

Wir schätzen, dass wir nach Abschluss des
Verfahrens für Schadenersatzzahlungen, Anwalts-
und Gerichtskosten insgesamt CHF 30 000.–
zahlen müssen.

A.o. Aufwand / Rückst. Prozess

Abschluss des Kontos «Rückstellung Prozess»

Rückst. Prozess / SB

Soll	Rückst. Prozess	Haben
		30 000.–
S. 30 000.–		
30 000.–		30 000.–

Jahr 20.2

Eröffnung des Kontos «Rückstellung Prozess»

EB / Rückst. Prozess

Zu Lasten der Rückstellung zahlen wir unserem
Anwalt weitere CHF 2 000.– durch die Bank.

Rückst. Prozess / Bank

Aufgrund der Abklärungen und Besprechungen mit
dem Anwalt schätzen wir die insgesamt noch zu
bezahlenden Kosten auf CHF 45 000.–.

A.o. Aufwand / Rückst. Prozess

Abschluss des Kontos «Rückstellung Prozess»

Rückst. Prozess / SB

Soll	Rückst. Prozess	Haben
		AB 30 000.–
2 000.–		
		17 000.–
S. 45 000.–		
47 000.–		47 000.–

Finanz- und Rechnungswesen – Grundlagen 2: Lösungen

Jahr 20.3   Soll   Rückst. Prozess   Haben

Eröffnung des Kontos «Rückstellung Prozess»

EB / Rückst. Prozess   AB 45 000.–

Das Verfahren ist abgeschlossen. Wir müssen der
Gegenpartei insgesamt CHF 32 000.–, dem
Gericht CHF 2 700.– und unserem Anwalt
CHF 6 500.– durch die Bank überweisen.

Rückst. Prozess / Bank   32 000.–

Rückst. Prozess / Bank   2 700.–

Rückst. Prozess / Bank   6 500.–

Die restliche Rückstellung wird aufgelöst.

Rückst. Prozess / A.o. Ertrag   3 800.–

Abschluss des Kontos «Rückstellung Prozess»

keine Buchung   S.   0.–

                                                   45 000.– | 45 000.–

Aufgabe 5.12

Nr.	Soll	Haben	Text	Betrag
a)	A.o. Aufwand	Rückstellung	Umstrukturierung	500 000.–
b)	A.o. Aufwand	Rückstellung	Mehrkosten Revision	18 900.–
	Rückstellung	Bank	Zahlung Revision	78 900.–
c)	GarantieA	Rückstellung	Anpassung Rückstellung	6 000.–
d)	A.o. Aufwand	Rückstellung	Jubiläum ¼	30 000.–
e)	Rückstellung	Bank	Zahlung Jubiläum	109 100.–
	Rückstellung	A.o. Ertrag	Auflösung Rückstellung	10 900.–

Aufgabe 5.13

Buchungen während des Geschäftsjahres

Nr.	Soll	Haben	Text	Betrag
1.	Ford. L+L	WaE	Verkauf netto	2 480.00
	Ford. L+L	Verb. MWST	Umsatzsteuer	190.95
2.	Kasse	WaE	Verkauf netto	11 650.00
	Kasse	Verb. MWST	Umsatzsteuer	897.05
3.	Mobiliar	Verb. L+L	Kauf Regale	6 450.00
	Vorsteuer 1171	Verb. L+L	Vorsteuer	496.65
4.	WaA	Verb. L+L	Einkauf netto	1 840.00
	Vorsteuer 1170	Verb. L+L	Vorsteuer	141.70
5.	RaumA	Bank	Miete Ladenlokal	8 200.00
6.	EnergieA	Verb. L+L	Stromrechnung	1 600.00
7.	Verw.A	Kasse	Kauf Büromaterial	230.00
8.	Bank	FinE	Zins netto	377.00
	Ford. VST	FinE	Verrechnungssteuer	203.00
9.	FinA	Bank	Darlehenszins	2 100.00
	Passivdarlehen	Bank	Abzahlung Darlehen	10 000.00
10.	Verb. L+L	Kasse	Eingangsfrachten	150.00
11.	Übr. Pers.A	Kasse	Reisespesen	160.00
12.	Übr. Pers.A	Verb. L+L	Stelleninserate	2 700.00
13.	Fahrzeuge	Verb. L+L	Kauf Fahrzeug	34 800.00
14.	Verb. L+L	Fahrzeuge	2 % Skonto	696.00
	Verb. L+L	Bank	Zahlung Fahrzeug	34 104.00
15.	Ford. L+L	FinE	Verzugszins	360.00
	Aktivdarlehen	Ford. L+L	Umwandlung	10 000.00
	Bank	Ford. L+L	Restzahlung	2 640.00

Nr.	Soll	Haben	Text	Betrag
16.	Verw.A	Verb. L+L	Buchhaltung	3 400.00
17.	Verb. L+L	WaA	3 % Skonto	123.00
	Verb. L+L	Bank	Zahlung	3 977.00
18.	Verw.A	Bank	Telefonrechnung	620.00
19.	Ford. L+L	WaE	Verkäufe Kreditkarte	1 320.00
20.	WaE	Ford. L+L	4 % Kommission	52.80
	Bank	Ford. L+L	Zahlung	1 267.20

Buchungen beim Jahresabschluss

Nr.	Soll	Haben	Text	Betrag
21.	Warenvorrat	WaA	Lagerzunahme	18 600.00
22.	Abschreibung	Mobiliar	Abschreibung	14 500.00
	Abschreibung	Fahrzeuge	Abschreibung	9 200.00
23.	Aktive RA	WaA	Rückvergütung	7 200.00
24.	WaE	Passive RA	Offene Gutscheine	6 900.00
25.	Aktive RA	FinE	Aufgelaufener Zins	2 000.00
26.	WaE	Passive RA	Versandfrachten	900.00
27.	FahrzeugA	Passive RA	Benzinrechnung	700.00
28.	Aktive RA	WaE	Ausst. Rechnung	1 500.00
29.	Aktive RA	Sonstiger BA	Mobiliarversicherung	1 400.00
30.	Übr. Pers.A	Passive RA	Weiterbildung	950.00

6 Löhne und Gehälter

Aufgabe 6.1

SALÄR	BRUTTO					CHF	4 000.00
Abzüge:	AHV, IV, EO	5,30 %	von CHF 4 000.–	CHF	212.00		
	ALV	1,10 %	von CHF 4 000.–	CHF	44.00		
	BVG (PK)			CHF	160.00		
	NBU	1,47 %	von CHF 4 000.–	CHF	58.80		
	Total					CHF	- 474.80
LOHN	NETTO					**CHF**	**3 525.20**

Aufgabe 6.2

a)

SALÄR	BRUTTO					CHF	7 000.00
Abzüge:	AHV, IV, EO	5,30 %	von CHF 7 000.–	CHF	371.00		
	ALV	1,10 %	von CHF 7 000.–	CHF	77.00		
	BVG (PK)			CHF	490.00		
	NBU	1,63 %	von CHF 7 000.–	CHF	114.10		
	Total					CHF	- 1 052.10
LOHN	NETTO					**CHF**	**5 947.90**

b)

SALÄR	BRUTTO					CHF	3 800.00
Abzüge:	AHV, IV, EO	5,30 %	von CHF 3 800.–	CHF	201.40		
	ALV	1,10 %	von CHF 3 800.–	CHF	41.80		
	BVG (PK)			CHF	270.00		
	NBU	1,47 %	von CHF 3 800.–	CHF	55.85		
	Total					CHF	- 569.05
LOHN	NETTO					**CHF**	**3 230.95**

Aufgabe 6.3

Gehaltsabrechnung für den Monat Februar

SALÄR	BRUTTO					CHF	4 200.00

Abzüge:	AHV, IV, EO	5,30 %	von CHF 4 200.–	CHF	222.60		
	ALV	1,10 %	von CHF 4 200.–	CHF	46.20		
	BVG (PK)		vom vers. Lohn	CHF	294.00		
	NBU	1,47 %	von CHF 4 200.–	CHF	61.75		
	Total					CHF	- 624.55
LOHN	NETTO					**CHF**	**3 575.45**

Lohnzusatzkosten = Arbeitgeberanteil:

	AHV, IV, EO	5,30 %	von CHF 4 200.–	CHF	222.60		
	ALV	1,10 %	von CHF 4 200.–	CHF	46.20		
	BVG (PK)		vom vers. Lohn	CHF	420.00		
	BU	1,54 %	von CHF 4 200.–	CHF	64.70		
	VKB	3,00 %	von CHF 445.20	CHF	13.35		
Summe Arbeitgeberanteil						**CHF**	**766.85**

a)	Ablieferung an Ausgleichskasse:	
	Beide AHV/IV/EO-Beiträge: 2 × CHF 222.60	445.20
	Beide ALV-Beiträge: 2 × CHF 46.20	92.40
	VKB	13.35
	Abzuliefernde Summe	**CHF** **550.95**

b)	Total Personalkosten = Bruttolohn plus Arbeitgeberbeiträge:		
	Bruttolohn	CHF	4 200.00
	Arbeitgeberbeiträge	CHF	766.85
	Total Personalkosten Michèle Seiler Februar	**CHF**	**4 966.85**

Aufgabe 6.4

Bruttolohnsumme					CHF	400 000.00

Abzüge:	AHV, IV, EO	5,30 %	CHF	21 200.00		
	ALV	1,10 %	CHF	4 400.00		
	BVG (PK)		CHF	28 000.00		
	NBU	1,47 %	CHF	5 880.00		
	Total				CHF	- 59 480.00
a) Nettolohnsumme					**CHF**	**340 520.00**

Arbeitgeberanteil:

	AHV, IV, EO	5,30 %	CHF	21 200.00		
	ALV	1,10 %	CHF	4 400.00		
	BVG (PK)		CHF	40 000.00		
	BU	0,43 %	CHF	1 720.00		
	VKB	1,50 %	CHF	636.00		
b) Summe Arbeitgeberbeiträge					**CHF**	**67 956.00**

Aufgabe 6.5

Nr.	Soll	Haben	Text	Betrag
1.	ProduktionsE	Ford. L+L	Bloch, 2 % Skonto	269.00
	Post	Ford. L+L	Bloch, Zahlung	13 181.00
2.	FinA	Bank	Halbjahreszins	1 875.00
	PassivD	Bank	Amortisation	20 000.00
3.	Kasse	A.o. Ertrag	Meister, Verlustschein	4 320.00
4.	Verb. L+L	Maschinen	10 % Rabatt	1 440.00
	Verb. L+L	Bank	Maschine, Bezahlung	12 960.00
5.	Unt. und Rep.	Verb. L+L	Reparatur, Rechnung	699.40
6.	A.o. Aufwand	Rückstellung	Rückstellung Brand	34 000.00
31.12.				
7.	FinA	Passive RA	Abgrenzung 2 Monate	500.00
8.	Unt. und Rep.	Passive RA	Reparatur, Abgrenzung	1 560.00
9.	Abschreibung	WB Werkzeuge	Abschr. BW 69 000	27 600.00
10.	ProduktionsE	Rückst. Gar.	Erhöhung Rückstellung	81 430.00
11.	WaA	WaV	Abnahme Warenbest.	45 000.00

Aufgabe 6.6*

	Soll	Haben	Betrag	LohnA Soll	LohnA Haben	SozVA Soll	SozVA Haben	Verb. SozV Soll	Verb. SozV Haben
Bruttolohn	keine Buchung								
Arbeitnehmerbeiträge									
5,30 % AHV/IV/EO	LohnA	Verb. SozV	318.00	318.00					318.00
1,10 % ALV	LohnA	Verb. SozV	66.00	66.00					66.00
Pensionskasse	LohnA	Verb. SozV	308.00	308.00					308.00
1,47 % NBU	LohnA	Verb. SozV	88.20	88.20					88.20
Nettolohn	LohnA	Bank	5 219.80	5 219.80					
Arbeitgeberbeiträge									
5,30 % AHV/IV/EO	SozVA	Verb. SozV	318.00			318.00			318.00
1,10 % ALV	SozVA	Verb. SozV	66.00			66.00			66.00
Pensionskasse	SozVA	Verb. SozV	442.00			442.00			442.00
0,17 % BU	SozVA	Verb. SozV	10.20			10.20			10.20
0,318 % VKB	SozVA	Verb. SozV	19.10			19.10			19.10
Salden Lohnaufwand					S. 6 000.00				
SozVA							S. 855.30		
Verb. SozV								S. 1 635.50	
				6 000.00	6 000.00	855.30	855.30	S. 1 635.50	1 635.50

Aufgabe 6.7* a)

Geschäftsfall	Soll	Haben	Betrag
Bruttolöhne	keine Buchung		
Total AN-Beiträge	Lohnaufwand	Verb. SozV	10 776.00
Nettolöhne	Lohnaufwand	Bank	69 224.00
Total AG-Beiträge	SozVA	Verb. SozV	12 240.00
Verw.kostenbeitrag	SozVA	Verb. SozV	254.40
Überweisung an AK	Verb. SozV	Post	10 494.40

Ausgleichskasse: AHV, IV, EO + ALV + VKB: 10 494.40

Soll	LohnA	Haben	Soll	SozVA	Haben	Soll	Verb. SozV	Haben
10 776.00								10 776.00
69 224.00								
			12 240.00					12 240.00
			254.40				10 494.40	254.40
		S.80 000.00			S.12 494.40	S.12 776.00		
80 000.00		80 000.00	12 494.40		12 494.40	23 270.40		23 270.40

Aufgabe 6.7* b)

Nr.	Soll	Haben	Text	Betrag
1.	Lohnaufwand	Post	Nettolöhne	211 512.00
	Lohnaufwand	Verb. SozV	Arbeitnehmerbeiträge	28 488.00
	SozVA	Verb. SozV	Arbeitgeberbeiträge	36 880.00
2.	Übriger PersonalA	Bank	Spesenentschädigung	2 000.00
3.	Übriger PersonalA	Verb. L+L	Verkaufstraining	1 600.00
4.	Lohnaufwand	Bank	Erfolgsbeteiligung GL	20 000.00
5.	Verb. SozV	Post	BVG-Prämien	60 000.00
6.	Temp. Arbeitn.	Kasse	Personalvermittler	1 000.00
7.	Übriger PersonalA	Verb. L+L	Stelleninserate	5 000.00
8.	Lohnaufwand	Bank	Nachtzulagen	200.00
9.	Lohnaufwand	Kasse	Lohnvorschuss Jan.	1 200.00
10.	Lohnaufwand	Verb. SozV	Arbeitnehmerbeiträge	795.00
	Lohnaufwand	Bank	Nettolohn Arnold	5 905.00
	Übriger PersonalA	Bank	Spesenverrechnung	250.00
	Bank	Warenerlöse	Warenbezüge	884.00

Aufgabe 6.8* a)

Nr.	Soll	Haben	Text	Betrag
1.	Warenaufwand	Verb. L+L	Kauf, 10 Lumino	4 000.00
2.	Warenaufwand	Post	Bezugsspesen	160.00
3.	Kasse	Warenerlöse	Verkauf, 4 Dekor	1 800.00
4.	Mobiliar	Verb. L+L	PC-Kauf	4 200.00
5.	Verb. L+L	Warenaufwand	Lumino, 2 % Skonto	80.00
	Verb. L+L	Post	Lumino, Zahlung	3 920.00
6.	Lohnaufwand	Verb. SozV	Arbeitnehmerbeiträge	812.00
	Lohnaufwand	Post	Nettolöhne	5 188.00
	SozVA	Verb. SozV	Arbeitgeberbeiträge	1 038.00
7*.	Eigenkapital	Warenerlöse	Eigenverbrauch	250.00
8.	Kasse	Warenerlöse	Verkauf, 20 Heller	6 860.00
9.	Sonst. BetriebsA	Post	Miete Verkaufslokal	2 400.00
10.	Kasse	Beratungsertrag	Beratung Bank	1 200.00
11.	Post	Ford. L+L	Zahlungen Händler	14 000.00
12.	Post	Warenaufwand	Rücksendungen	500.00
13.	Warenaufwand	Warenvorrat	Bestandeskorrektur	660.00

Inventar		
LUMINO	20 Stk. zu CHF 408.–	8 160.00
DEKOR	15 Stk. zu CHF 320.–	4 800.00
HELLER	30 Stk. zu CHF 250.–	7 500.00
Total Warenbestand		**20 460.00**

* Die Konten «Eigenverbrauch» und «Privat» werden im Kapitel 7 behandelt.

Aufgabe 6.8* b) und c)

Bestandesrechnung

Kasse	
105 800.00	104 922.00
1 800.00	
6 860.00	
1 200.00	
	S.10 738.00
115 660.00	115 660.00

Verb. L+L	
191 745.00	212 200.00
	4 000.00
80.00	4 200.00
3 920.00	
S.24 655.00	
220 400.00	220 400.00

Post	
212 400.00	205 400.00
14 000.00	160.00
500.00	3 920.00
	5 188.00
	2 400.00
	S. 9 832.00
226 900.00	226 900.00

Verb. SozV	
16 812.00	20 548.00
	812.00
	1 038.00
S. 5 586.00	
22 398.00	22 398.00

Ford. L+L	
48 000.00	4 000.00
	14 000.00
	S.30 000.00
48 000.00	48 000.00

Eigenkapital	
20 750.00	40 000.00
250.00	37 989.00
S. 56 989.00	
77 989.00	77 989.00

Warenvorrat	
21 120.00	660.00
	S.20 460.00
21 120.00	21 120.00

Mobiliar	
17 400.00	5 400.00
4 200.00	S.16 200.00
21 600.00	21 600.00

Erfolgsberechnung

Warenaufwand	
192 250.00	6 080.00
4 000.00	80.00
160.00	500.00
660.00	
	S.190 410.00
197 070.00	197 070.00

Warenerlöse	
10 660.00	342 000.00
	1 800.00
	250.00
	6 860.00
S.340 250.00	
350 910.00	350 910.00

Lohnaufwand	
66 000.00	
812.00	
5 188.00	
	S. 72 000.00
72 000.00	72 000.00

Beratungsertrag	
	16 800.00
	1 200.00
S. 18 000.00	
18 000.00	18 000.00

SozVA	
11 513.00	
1 038.00	
	S. 12 551.00
12 551.00	12 551.00

Sonstiger BA	
43 600.00	700.00
2 400.00	S. 45 300.00
46 000.00	46 000.00

Aufwand		Erfolgsrechnung	Ertrag
Warenaufwand	190 410.00	Warenerlöse	340 250.00
Lohnaufwand	72 000.00	Beratungsertrag	18 000.00
SozVA	12 551.00		
Sonst. Betriebsaufwand	45 300.00		
Gewinn	37 989.00		
	358 250.00		358 250.00

Verbuchung des Erfolgs:

Nr.	Soll	Haben	Text	Betrag
	ER	Jahresgewinn	Gewinnübertrag	37 989.00
	Jahresgewinn	Eigenkapital	Gewinngutschrift	37 989.00

Aktiven		Schlussbilanz II	Passiven
Kasse	10 738.00	Verbindlichkeiten L+L	24 655.00
Post	9 832.00	Verbindlichkeiten SozV	5 586.00
Forderungen L+L	30 000.00	Eigenkapital	56 989.00
Warenvorrat	20 460.00		
Mobiliar	16 200.00		
	87 230.00		87 230.00

c) **Berechnung des Einstandspreises**

Rechnungsbetrag für 10 Lampen LUMINO (vgl. 1)	CHF	4 000.00
+ Bezugsspesen (vgl. 2)	CHF	+ 160.00
- Skonto (vgl. 5)	CHF	- 80.00
Einstandswert für 10 Lampen LUMINO	CHF	4 080.00
Einstandswert für 1 Lampe LUMINO	**CHF**	**408.00**

Aufgabe 6.9*

Nr.	Soll	Haben	Text	Betrag
1. a)	Warenaufwand	Verb. L+L	Warenkauf Rechnung	20 000.00
b)	Ford. L+L	Warenerlöse	Warenverkauf Kredit	14 000.00
c)	Warenerlöse	Kasse	Versandfrachten	250.00
2.	Verb. SozV	Post	Ausgleichskasse	9 170.00
3.	Post	Lohnaufwand	Erwerbsausfallentsch.	320.00
4.	Lohnaufwand	Bank	Dienstaltersgeschenk	5 000.00
5.	Kasse	Warenerlöse	Barverkäufe	14 000.00
6.	Verb. L+L	Warenaufwand	Skonto Lieferant	200.00
	Verb. L+L	Post	Postüberweisung	9 800.00
7.	Lohnaufwand	Verb. SozV	Arbeitnehmerbeiträge	9 709.00
8.	Lohnaufwand	Bank	Nettolöhne	60 291.00
9.	SozVA	Verb. SozV	Arbeitgeberbeiträge	11 710.00
10.*	Eigenkapital	Warenerlöse	Eigenverbrauch	200.00
11.	Verb. SozV	Post	Unfallversicherung	1 659.00
12.	Post	Warenaufwand	Umsatzbonus	300.00
13.	Lohnaufwand	Bank	Auszahlung Löhne	2 250.00
14.	Lohnaufwand	Warenerlöse	Verrechnung	400.00
15.	Verb. SozV	SozVA	Gutschrift Suva	432.00
16.	Lohnaufwand	Kasse	Nettolohn Schnell	4 805.00
	Kasse	Übr. PersonalA	Spesenverrechnung	200.00
17.	Warenvorrat	Warenaufwand	Bestandesänderung	6 000.00
18.	Erfolgsrechnung	Jahresgewinn	Gewinnübertrag	10 000.00
	Jahresgewinn	Post	Gewinnauszahlung	10 000.00

* Die Konten «Eigenverbrauch» und «Privat» werden im Kapital 7 behandelt.

7 Einzelunternehmen

Aufgabe 7.1

	R	F	
a)	☒	☐	In der Firma eines Einzelunternehmens muss immer der Familienname des Eigentümers stehen.
b)	☒	☐	Das Eigenkapital bedeutet eine Schuld des Unternehmens gegenüber dem Eigentümer.
c)	☐	☒	Das Privatkonto steht ~~in der Schlussbilanz direkt nach dem Konto «Eigenkapital».~~ **nicht in der Schlussbilanz.** (Der Saldo wird auf das «Eigenkapital übertragen.)
d)	☐	☒	Die Verbuchung eines Eigenzinses ~~führt zu einem höheren Unternehmereinkommen.~~ **verändert das Unternehmereinkommen nicht.**
e)	☐	☒	Der Eigentümer eines Einzelunternehmens kann ~~eine natürliche oder juristische Person sein.~~ **nur eine natürliche Person sein.**
f)	☒	☐	Für die Gründung eines Einzelunternehmens ist kein bestimmtes Kapital vorgeschrieben.
g)	☐	☒	Der Bezug von CHF 20 000.– vom Bankkonto des Geschäfts für eine private Kapitalanlage wird über das ~~Privatkonto~~ verbucht. ... Kapitalanlage **(Kapitalrückzug)** wird ... das **Eigenkapitalkonto** verbucht.
h)	☒	☐	Die Verbuchung eines Privatanteils des Fahrzeugaufwandes vergrössert den Gewinn.
i)	☒	☐	Das Privatkonto dient einer sauberen Trennung von geschäftlichen und privaten Zahlungen.
j)	☐	☒	Die Verbuchung privater Geldbezüge ~~führt zu einem höheren Gewinn.~~ **verändert den Gewinn nicht** (erfolgsunwirksamer Geschäftsfall).

Aufgabe 7.2

a)

Nr.	Soll	Haben	Text	Betrag
1.	Kasse	EK	Bareinlage	10 000.–
2.	Fahrzeuge	EK	Einbringung Fahrzeug	18 500.–
3.	Bank	Passivdarlehen	Aufnahme Darlehen	30 000.–
4.	Mobiliar	Kasse	Kauf PC	3 200.–
5.	Bank	EK	Überweisung Inhaber	50 000.–
6.	Maschinen	Bank	Kauf Maschinen	58 000.–
7.	Post	Kasse	Einzahlung auf Postkonto	5 000.–
8.	Mobiliar	Verb. L+L	Kauf Büroeinrichtung	16 700.–

b)

Aktiven		Bilanz nach Gründung	Passiven	
Kasse	1 800.–	Verb. L+L		16 700.–
Post	5 000.–	Passivdarlehen		30 000.–
Bank	22 000.–			
Maschinen	58 000.–	Eigenkapital		78 500.–
Mobiliar	19 900.–			
Fahrzeuge	18 500.–			
	125 200.–			125 200.–

Aufgabe 7.3

Nr.	Geschäftsfall	Eigenkapital		Privat	
		Soll	Haben	Soll	Haben
a)	Gutschrift des Eigenzinses				X
b)	Sacheinlage eines Fahrzeuges		X		
c)	Privatbezüge aus der Geschäftskasse			X	
d)	Abschluss Privatkonto (Haben-Überschuss)		X	X	
e)	Bankauszahlung des Eigenlohnes				
f)	Bankzahlung von privaten Rechnungen			X	
g)	Privatanteil vom Geschäftsfahrzeug			X	
h)	Reinverlust	X			

Aufgabe 7.4

Nr.	Soll	Haben	Text	Betrag
1.	EB	EK	Anfangsbestand	170 000.–
2.	Privat	Bank	Privatbezüge von Bank	49 200.–
3.	Übr. Pers.A	Privat	Gutschrift Reisespesen	860.–
4.	EK	Bank	Kapitalrückzug	34 000.–
5.	LohnA	Privat	Gutschrift Eigenlohn	72 000.–
6.	Privat	FzA	Privatanteil Fahrzeuge	5 000.–
7.	Privat	Eigenverbrauch	Warenbezüge Inhaber	8 100.–
8.	FinA	Privat	Gutschrift Eigenzins	8 500.–
9.	Privat	EK	Übertrag Privatkonto	19 060.–
10.	ER	Jahresgewinn	Gewinnübertrag	14 700.–
	Jahresgewinn	EK	Gewinngutschrift	14 700.–

Soll	Eigenkapital	Haben	Soll	Privat	Haben
		AB 170 000.–			
	34 000.–			49 200.–	860.–
				5 000.–	72 000.–
				8 100.–	8 500.–
		19 060.–		19 060.–	
		14 700.–			
	S. 169 760.–				
	203 760.–	203 760.–		81 360.–	81 360.–

Eigenlohn	CHF	72 000.–
+ Eigenzins	CHF	8 500.–
+ Reingewinn	CHF	14 700.–
Unternehmereinkommen	**CHF**	**95 200.–**

Aufgabe 7.5

Nr.	Soll	Haben	Text	Betrag
1.	EB	EK	Anfangsbestand	215 000.–
2.	LohnA	Privat	Gutschrift Eigenlohn	80 000.–
3.	Privat	Bank	Zahlung Steuern	26 200.–
4.	FinA	Bank	Auszahlung Eigenzins	8 600.–
5.	Privat	Bank	Privatbezüge	57 800.–
6.	Privat	Bank	Mobiliarversicherung	730.–
7.	Bank	EK	Kapitalerhöhung	42 000.–
8.	Privat	VerwaltungsA	Privatanteil Telefone	600.–
9.	EK	Privat	Übertrag Privatkonto	5 330.–
10.	Jahresverlust	ER	Verlustübertrag	4 500.–
	EK	Jahresverlust	Verlustverbuchung	4 500.–

Soll	Eigenkapital	Haben	Soll	Privat	Haben
		AB 215 000.–			
		42 000.–	26 200.–	80 000.–	
			57 800.–		
			730.–		
			600.–		
	5 330.–			5 330.–	
	4 500.–				
	S. 247 170.–				
	257 000.–	257 000.–	85 330.–	85 330.–	

Eigenlohn	CHF	80 000.–
+ Eigenzins	CHF	8 600.–
- Reinverlust	CHF	- 4 500.–
Unternehmereinkommen	**CHF**	**84 100.–**

Aufgabe 7.6

Nr.	Geschäftsfall Buchungssatz	Reingewinn	Steuerbares Einkommen
a)	Für die private Benutzung des Geschäftsautos wird ein Privatanteil verbucht. **Privat / Fahrzeugaufwand**	+	+
b)	Der Saldo des Privatkontos wird auf das Eigenkapital übertragen (Soll-Überschuss). **Eigenkapital / Privat**	=	=
c)	Der Eigenzins wird dem Geschäftsinhaber gutgeschrieben. **Finanzaufwand / Privat**	–	=
d)	Private Warenbezüge werden dem Eigentümer belastet. **Privat / Eigenverbrauch**	+	+
e)	Beim Abschluss wird eine Abnahme des Warenlagers verbucht. **Warenaufwand / Warenvorrat**	–	–
f)	Der Eigentümer bringt ein Fahrzeug in die Unternehmung ein. **Fahrzeuge / Eigenkapital**	=	=
g)	Der Eigenlohn wird dem Geschäftsinhaber durch die Bank ausbezahlt. **Lohnaufwand / Bank**	–	=
h)	Die Bank schreibt den Zins auf dem Geschäfts- kontokorrent gut. **Bank / Finanzertrag**	+	+
i)	Der Eigentümer bezieht Geld aus der Geschäftskasse für private Zwecke. **Privat / Kasse**	=	=
j)	Privat bezahlte Reisespesen werden dem Geschäftsinhaber gutgeschrieben. **Übriger Personalaufwand / Privat**	–	–

Aufgabe 7.7

a)

Soll	Privat		Haben	Soll	Eigenkapital		Haben
					1)		134 000.–
2)	52 000.–	3)	84 000.–				
5)	21 000.–	4)	6 700.–				
6)	2 700.–						
7)	15 000.–				7)		15 000.–
				8)	RV 6 200.–		
				9)	S. 142 800.–		
	90 700.–		90 700.–		149 000.–		149 000.–

b) Die Gutschriften sind grösser als die Bezüge des Inhabers (Haben-Überschuss beim Privat-konto). Das Eigenkapital wurde dadurch vergrössert.

Aufgabe 7.8

Soll	Privat	Haben
65 200.–		1 700.–
4 400.–		75 000.–
10 600.–		8 200.–
4 700.–		
84 900.–		84 900.–

Soll	Eigenkapital	Haben
44 200.–		189 200.–
		4 700.–
		47 300.–
S. 197 000.–		
241 200.–		241 200.–

Nr.	Soll	Haben	Text	Betrag
1)	LohnA	Privat	Gutschrift Eigenlohn	75 000.–
	FinA	Privat	Gutschrift Eigenzins	8 200.–
2)	Privat	Eigenverbrauch	Warenbezüge	4 400.–
	Privat	Kasse	Barbezüge Inhaber	10 600.–
3)	Privat	EK	Übertrag Privatkonto	4 700.–
4)	ER	Jahresgewinn	Gewinnübertragung	47 300.–
	Jahresgewinn	EK	Gewinngutschrift	47 300.–

Berechnung Reingewinn:

	Erträge	CHF	1 108 400.–
	Aufwände	CHF	- 982 300.–
1)	Eigenlohn	CHF	- 75 000.–
	Eigenzins	CHF	- 8 200.–
2)	Warenbezüge	CHF	+ 4 400.–
	Barbezüge (kein Einfluss)	CHF	0.–
3)	Übertrag Privatkonto (kein Einfluss)	CHF	0.–
4)	Reingewinn	CHF	47 300.–

Aufgabe 7.9

a)

Nr.	Soll	Haben	Text	Betrag
1.	WaV	WaA	Lagerzunahme	17
2.	PersonalA	Privat	Gutschrift Eigenlohn	5
3.	Aktive RA	PersonalA	Lohnvorschüsse	6
4.	Privat	PersonalA	Privatreise	4
5.	Abschreibung	Mobiliar	Abschreibung 25 %	20
6.	RaumA	Passive RA	Ausst. Stromrechnung	2
7.	FinA	Privat	Gutschrift Eigenzins	14
8.	WaE	Passive RA	Vorauszahlungen	8
9.	Privat	Warenerlöse*	Private Warenbezüge	3
10.	Aktive RA	RaumA	Vorauszahlung Miete	5
11.	Abschreibung	Fahrzeuge	Abschreibung 40 %	10
12.	Privat	EK	Übertrag Privatkonto	26

* Die Konten sind vorgegeben, der Eigenverbrauch wird deshalb direkt über das Konto Warenerlöse verbucht.

Kasse		Bank		Ford. L+L		Warenvorrat	
125	120	146	81	161	109	185	
						17	
S.	5	S.	65	S.	52	S.	202
125	125	146	146	161	161	202	202

Aktive RA		Mobiliar		Fahrzeuge		Verb. L+L	
		80		25		129	204
6			20		10		
5							
S.	11	S.	60	S.	15	S.	75
11	11	80	80	25	25	204	204

Passive RA		Privat		Eigenkapital	
		41	55		280
	2	4	5		26
	8	3	14		19
		26			
S.	10	S.	0	S.	325
10	10	74	74	325	325

Warenaufwand		Personalaufwand		Raumaufwand		Sonstiger BA	
541	38	186		45		19	
	17	5	6	2	5		
			4				
S.	486	S.	181	S.	42	S.	19
541	541	191	191	47	47	19	19

Abschreibungen		Finanzaufwand		Warenerlöse		Finanzertrag	
				64	857		3
20		14		8	3		
10							
S.	30	S.	14	S.	788	S.	3
30	30	14	14	860	860	3	3

b)

Aktiven	Schlussbilanz I		Passiven
Kasse	5	Verbindlichkeiten L+L	75
Bank	65	Passive RA	10
Forderungen L+L	52	Eigenkapital	306
Warenvorrat	202		
Aktive RA	11	Reingewinn	19
Mobiliar	60		
Fahrzeuge	15		
	410		410

Aufwand	Erfolgsrechnung		Ertrag
Warenaufwand	486	Warenerlöse	788
Personalaufwand	181	Finanzertrag	3
Raumaufwand	42		
Sonstiger BA	19		
Abschreibungen	30		
Finanzaufwand	14		
Reingewinn	19		
	791		791

c)

Soll	Haben	Text	Betrag
ER	Jahresgewinn	Gewinnübertrag	19
Jahresgewinn	EK	Gewinngutschrift	19

Aktiven	Schlussbilanz II		Passiven
Kasse	5	Verbindlichkeiten L+L	75
Bank	65	Passive RA	10
Forderungen L+L	52	Eigenkapital	325
Warenvorrat	202		
Aktive RA	11		
Mobiliar	60		
Fahrzeuge	15		
	410		410

Aufgabe 7.10

a)

Nr.	Soll	Haben	Text	Betrag
1.	Fahrzeuge	EK	Einbringung Fahrzeug	20
2.	FinA	Passive RA	Aufgelaufener Zins	2
3.	PersonalA	Passive RA	Umsatzbeteiligungen	32
4.	PersonalA	Privat	Gutschrift Eigenlohn	7
5.	Abschreibung	Mobiliar	Abschreibung linear	12
6.	Sonstiger BA	Privat	Geschäftsessen	3
7.	VerwaltungsA	Passive RA	Büromaterial	2
8.	Aktive RA	Sonstiger BA	Fahrzeugversicherung	4
9.	FinA	Privat	Gutschrift Eigenzins	9
10.	RaumA	Passive RA	Büroreinigung	5
11.	Abschreibung	Fahrzeuge	Abschreibung	19
12.	Privat	EK	Übertrag Privatkonto	42

Kasse		Bank		Ford. L+L		Aktive RA	
35	32	582	431	622	539		
						4	
S.	3	S.	151	S.	83	S.	4
35	35	582	582	622	622	4	4

Mobiliar		Fahrzeuge		Verb. L+L		Passive RA	
73		58		119	138		
	12	20	19				2
							32
							2
S.	61	S.	59	S.	19	S.	41	5
73	73	78	78	138	138	41	41

Passivdarlehen		Privat		Eigenkapital	
	80	58	81	30	205
			7		20
		42	3		42
			9		
S.	80	S.	0		16
				S.	221
80	80	100	100	267	267

Personalaufwand		Raumaufwand		VerwaltungsA		Sonstiger BA	
448		76		27		19	
32		5		2		3	4
7							
S.	487	S.	81	S.	29	S.	18
487	487	81	81	29	29	22	22

Abschreibungen		Finanzaufwand		Honorarertrag		Finanzertrag	
			4	42	685		2
12		2					
19		9					
S.	31	S.	15	S.	643	S.	2
31	31	15	15	685	685	2	2

b)

Aktiven	Schlussbilanz I		Passiven
Kasse	3	Verbindlichkeiten L+L	19
Bank	151	Passive RA	41
Forderungen L+L	83	Passivdarlehen	80
Aktive RA	4	Eigenkapital	237
Mobiliar	61		
Fahrzeuge	59		
Reinverlust	16		
	377		377

Aufwand	Erfolgsrechnung		Ertrag
Personalaufwand	487	Honorarertrag	643
Raumaufwand	81	Finanzertrag	2
VerwaltungsA	29		
Sonstiger BA	18	Reinverlust	16
Abschreibungen	31		
Finanzaufwand	15		
	661		661

c)

Soll	Haben	Text	Betrag
Jahresverlust	ER	Verlustübertrag	16
EK	Jahresverlust	Verlustverbuchung	16

Aktiven	Schlussbilanz II		Passiven
Kasse	3	Verbindlichkeiten L+L	19
Bank	151	Passive RA	41
Forderungen L+L	83	Passivdarlehen	80
Aktive RA	4	Eigenkapital	221
Mobiliar	61		
Fahrzeuge	59		
	361		361

8 Aktiengesellschaft

Aufgabe 8.1

	R	F	
a)	☐	☒	Für die Gründung einer Aktiengesellschaft sind mindestens ~~drei~~ natürliche oder juristische Personen notwendig. **eine**
b)	☐	☒	Die Mindesteinzahlung des Aktienkapitals beträgt ~~50 %~~ sowie mindestens CHF 50 000.–. **20 %**
c)	☒	☐	Das Konto «Dividenden» gehört in der Bilanz von Aktiengesellschaften zum kurzfristigen Fremdkapital.
d)	☒	☐	Die Generalversammlung beschliesst die Höhe der Dividende, wobei die vorgeschriebenen Reservenzuweisungen erfolgen müssen.
e)	☐	☒	Alle Aktionäre können an der Generalversammlung teilnehmen und haben ~~eine Stimme.~~ **eine Stimmzahl gemäss Anzahl Aktien.**
f)	☒	☐	Gesetzliche Gewinnreserven sind zurückbehaltene Gewinne, welche zum Eigenkapital gehören.
g)	☒	☐	In der Bilanz und Erfolgsrechnung von Aktiengesellschaften müssen jeweils auch die Zahlen des Vorjahres aufgeführt werden.
h)	☐	☒	~~Zwei Aktiengesellschaften, die sich in zwei verschiedenen Kantonen befinden, dürfen die gleiche Firma verwenden.~~ **Die Firmenausschliesslichkeit für Aktiengesellschaften gilt in der ganzen Schweiz.**
i)	☐	☒	Eine Aktiengesellschaft entsteht mit ~~der Unterzeichnung der Statuten durch die Gründer.~~ **dem Eintrag ins Handelsregister.**
j)	☐	☒	In den Statuten einer Aktiengesellschaft ~~kann eine persönliche Haftung der Aktionäre vorgesehen werden.~~ **ist eine persönliche Haftung der Aktionäre ausgeschlossen.**

Aufgabe 8.2*

a)

Nr.	Soll	Haben	Text	Betrag
1.	Ford. Aktionäre	AK	Kapitalverpflichtung	300 000.–
2.	Fahrzeuge	Ford. Aktionäre	Sacheinlage Fahrzeug	42 000.–
	Mobiliar	Ford. Aktionäre	Sacheinlage Mobilien	26 000.–
3.	Bank	Ford. Aktionäre	Einzahlung Rest	112 000.–
4.	N.einb. AK	Ford. Aktionäre	Umb. nicht einbez. AK	120 000.–

b)

Aktiven		Gründungsbilanz	Passiven	
Bank	112 000.–	Aktienkapital	300 000.–
Mobiliar	26 000.–		
Fahrzeuge	42 000.–		
Nicht einbez. AK	120 000.–		
	300 000.–		300 000.–

Aufgabe 8.3*

a)

Nr.	Soll	Haben	Text	Betrag
1.	Ford. Aktionäre	AK	Kapitalverpflichtung	180 000.–
2.	Bank	Ford. Aktionäre	Einbr. Einzeluntern.	40 000.–
	Ford. L+L	Ford. Aktionäre	Einbr. Einzeluntern.	60 000.–
	Vorräte	Ford. Aktionäre	Einbr. Einzeluntern.	25 000.–
	Maschinen	Ford. Aktionäre	Einbr. Einzeluntern.	80 000.–
	Mobiliar	Ford. Aktionäre	Einbr. Einzeluntern.	30 000.–
	Fahrzeuge	Ford. Aktionäre	Einbr. Einzeluntern.	50 000.–
	Ford. Aktionäre	Verb. L+L	Einbr. Einzeluntern.	70 000.–
	Ford. Aktionäre	Passivdarlehen	Einbr. Einzeluntern.	100 000.–
	Ford. Aktionäre	Passivdarlehen	Mehrwert Einlage	15 000.–
3.	Bank	Ford. Aktionäre	Einzahl. Aktionär B	50 000.–
	Bank	Ford. Aktionäre	Einzahl. Aktionär C	30 000.–

b) Aktiven   **Gründungsbilanz**   Passiven

Aktiven		Passiven	
Bank	120 000.–	Verbindlichkeiten L+L	70 000.–
Forderungen L+L	60 000.–	Passivdarlehen	115 000.–
Vorräte	25 000.–		
Maschinen	80 000.–	Aktienkapital	180 000.–
Mobiliar	30 000.–		
Fahrzeuge	50 000.–		
	365 000.–		365 000.–

Aufgabe 8.4

Text	Soll	Haben	Betrag
AB Gewinnvortrag	EB	GeVor	7 300.–
Übertrag Jahresgewinn	ER	Jahresgewinn	69 400.–
Verbuchung Jahresgewinn	Jahresgewinn	GeVor	69 400.–
Zuweisung Ges. Gewinnres.	GeVor	Ges. Gewinnres.	25 000.–
Zuweisung Dividende	GeVor	Dividenden	42 000.–
Abschluss Gewinnvortrag	GeVor	SB	9 700.–

Aktiven		Schlussbilanz II	Passiven	
Kasse	6 100.–	Verb. L+L	247 800.–	
Bank	78 300.–	Dividenden	42 000.–	
Ford. L+L	205 600.–	Passivdarlehen	200 000.–	
Vorräte	411 700.–	Aktienkapital	300 000.–	
Ladeneinrichtungen	238 200.–	Ges. Gewinnreserve	232 500.–	
Lagereinrichtungen	50 200.–	Gewinnvortrag	9 700.–	
Fahrzeuge	41 900.–			
	1 032 000.–		1 032 000.–	

Aufgabe 8.5

Text	Soll	Haben	Betrag
AB Gewinnvortrag	EB	GeVor	8 200.–
Übertrag Jahresverlust	Jahresverlust	ER	50 300.–
Verbuchung Jahresverlust	VerlustV	Jahresverlust	50 300.–
Verwendung Gewinnvortrag	GeVor	VerlustV	8 200.–
Auflösung Ges. Gewinnres.	Ges. Gewinnres.	VerlustV	27 800.–
Abschluss Verlustvortrag	SB	VerlustV	14 300.–

Aktiven	Schlussbilanz II	Passiven	
Kasse	2 300.–	Verb. L+L	212 500.–
Bank	56 400.–	Passivdarlehen	220 000.–
Ford. L+L	174 900.–	Aktienkapital	200 000.–
Vorräte	88 100.–	- Verlustvortrag	- 14 300.–
Maschinen	198 500.–		
Mobiliar	35 200.–		
Fahrzeuge	62 800.–		
	618 200.–		618 200.–

Aufgabe 8.6

a) **Gewinnverteilungsplan**

Gewinnvortrag	CHF	5 100.–
+ Jahresgewinn	CHF	24 000.–
Bilanzgewinn	CHF	29 100.–
- Zuweisung Ges. Gewinnreserve	CHF	6 000.–
- Zuweisung Dividenden	CHF	20 000.–
Neuer Gewinnvortrag	CHF	3 100.–

b) **Gewinnverteilungsplan**

Gewinnvortrag	CHF	1 600.–
+ Jahresgewinn	CHF	18 300.–
Bilanzgewinn	CHF	19 900.–
- Zuweisung Ges. Gewinnreserve	CHF	5 000.–
- Zuweisung Dividenden	CHF	12 000.–
Neuer Gewinnvortrag	CHF	2 900.–

Aufgabe 8.7 a)

Gewinnverteilungsplan

Gewinnvortrag	CHF	4 100.–
+ Jahresgewinn	CHF	56 700.–
Bilanzgewinn	CHF	60 800.–
- Zuweisung Ges. Gewinnreserve	CHF	15 000.–
- Dividende 11 %*	CHF	44 000.–
Neuer Gewinnvortrag	CHF	1 800.–

$$* \quad \frac{45\,800.–}{4\,000.–} = 11,45\,\% \quad \rightarrow \quad 11\,\%$$

Soll	Haben	Text	Betrag
ER	Jahresgewinn	Übertrag Jahresgewinn	56 700.–
Jahresgewinn	GeVor	Verbuchung Jahresgewinn	56 700.–
GeVor	Ges. Gewinnres.	Zuweisung ges. Gewinnres.	15 000.–
GeVor	Dividenden	Zuweisung Dividende	44 000.–
Dividenden	Bank	Ausschüttung Nettodividende	28 600.–
Dividenden	Verb. VST	35 % Verrechnungssteuer	15 400.–
Verb. VST	Bank	Überweisung VST	15 400.–

	Soll	Gewinnvortrag	Haben
Anfangsbestand			AB 4 100.–
Jahresgewinn			56 700.–
Zuweisung Ges. Gewinnres.	15 000.–		
11 % Dividende	44 000.–		
Saldo	S. 1 800.–		
	60 800.–		60 800.–

Aufgabe 8.7 b)

Gewinnverteilungsplan

Gewinnvortrag	CHF	1 800.–
+ Jahresgewinn	CHF	61 900.–
Bilanzgewinn	CHF	63 700.–
- Zuweisung Ges. Gewinnreserve	CHF	10 000.–
- Dividende 10 %	CHF	50 000.–
Neuer Gewinnvortrag	CHF	3 700.–

Soll	Haben	Text	Betrag
ER	Jahresgewinn	Übertrag Jahresgewinn	61 900.–
Jahresgewinn	GeVor	Verbuchung Jahresgewinn	61 900.–
GeVor	Ges. Gewinnres.	Zuweisung ges. Gewinnres.	10 000.–
GeVor	Dividenden	Zuweisung Dividende	50 000.–
Dividenden	Bank	Ausschüttung Nettodividende	32 500.–
Dividenden	Verb. VST	35 % Verrechnungssteuer	17 500.–
Verb. VST	Bank	Überweisung VST	17 500.–

	Soll Gewinnvortrag Haben	
Anfangsbestand		AB 1 800.–
Jahresgewinn		61 900.–
Zuweisung Ges. Gewinnres.	10 000.–	
10 % Dividende	50 000.–	
Saldo	S. 3 700.–	
	63 700.–	63 700.–

Aufgabe 8.7 c)

Gewinnverteilungsplan

Gewinnvortrag	CHF	5 200.–
+ Jahresgewinn	CHF	51 400.–
Bilanzgewinn	CHF	56 600.–
- Zuweisung Ges. Gewinnreserve	CHF	6 000.–
- Dividende 6 %	CHF	48 000.–
Neuer Gewinnvortrag	CHF	2 600.–

Soll	Haben	Text	Betrag
ER	Jahresgewinn	Übertrag Jahresgewinn	51 400.–
Jahresgewinn	GeVor	Verbuchung Jahresgewinn	51 400.–
GeVor	Ges. Gewinnres.	Zuweisung ges. Gewinnres.	6 000.–
GeVor	Dividenden	Zuweisung Dividende	48 000.–
Dividenden	Bank	Auszahlung Nettodividende	31 200.–
Dividenden	Verb. VST	35 % Verrechnungssteuer	16 800.–
Verb. VST	Bank	Überweisung VST	16 800.–

	Soll Gewinnvortrag Haben	
Anfangsbestand		AB 5 200.–
Jahresgewinn		51 400.–
Zuweisung Ges. Gewinnres.	6 000.–	
6 % Dividende	48 000.–	
Saldo	S. 2 600.–	
	56 600.–	56 600.–

Aufgabe 8.8*

a) **Gewinnverteilungsplan**

Gewinnvortrag	CHF	4 300.–	
+ Jahresgewinn	CHF	14 100.–	= Bilanzgewinn - Gewinnvortrag
Bilanzgewinn	CHF	18 400.–	Berechnung Bilanzgewinn als Summe
- Zuweisung Ges. Gewinnres.	CHF	6 000.–	
- Dividende 8 %	CHF	9 600.–	
Neuer Gewinnvortrag	CHF	2 800.–	

b) **Gewinnverteilungsplan**

Gewinnvortrag	CHF	1 100.–	
+ Jahresgewinn	CHF	20 000.–	= 100 %
Bilanzgewinn	CHF	21 100.–	
- Ges. Gewinnres. 10 % vom RG	CHF	2 000.–	
- Dividende	CHF	15 000.–	
Neuer Gewinnvortrag	CHF	4 100.–	

Neuer Gewinnvortrag	CHF	4 100.–	
+ Dividende	CHF	15 000.–	
- alter Gewinnvortrag	CHF	1 100.–	
Verwendung aus Reingewinn	CHF	18 000.–	= 90 %

Aufgabe 8.9

a)

Nr.	Geschäftsfall Buchungssatz	Betrag	+/- Auswirkung auf Gewinn
	Reingewinn provisorisch		91 100.–
1.	Das Warenlager hat um CHF 14 600.– abgenommen. **WarenA / WarenV**	**14 600.–**	**- 14 600.–**
2.	Die Miete für den Januar von CHF 3 400.– wurde bereits bezahlt und ist abzugrenzen. **Aktive RA / Raumaufwand**	**3 400.–**	**+ 3 400.–**
3.	Das Mobiliar wird um CHF 16 200.– indirekt abgeschrieben. **Abschreibung / WB Mobiliar**	**16 200.–**	**- 16 200.–**
4.	Ein Lieferant hat uns eine Rückvergütung von CHF 8 900.– zugesichert. **Aktive RA / Warenaufwand**	**8 900.–**	**+ 8 900.–**
5.	Lohnvorschüsse von CHF 6 500.– sind abzugrenzen. **Aktive RA / Lohnaufwand**	**6 500.–**	**+ 6 500.–**
6.	Ein Kundenguthaben von CHF 3 100.– kann nicht mehr eingetrieben werden. **Verluste aus Ford. / Ford. L+L**	**3 100.–**	**- 3 100.–**
	Reingewinn definitiv		**76 000.–**

b)

Soll	Haben	Text	Betrag
ER	Jahresgewinn	Übertrag Jahresgewinn	76 000.–
Jahresgewinn	GeVor	Verbuchung Jahresgewinn	76 000.–
GeVor	Ges. Gewinnres.	Zuweisung Ges. Gewinnres.	15 200.–
GeVor	Dividenden	Zuweisung Dividende	60 000.–

c)

Soll	Haben	Text	Betrag
Dividenden	Bank	Auszahlung Nettodividende	39 000.–
Dividenden	Verb. VST	Geschuldete VST	21 000.–
Verb. VST	Bank	Überweisung VST	21 000.–

Aufgabe 8.10

a)

Nr.	Soll	Haben	Text	Betrag
1.	WaV	WaA	Lagerzunahme	26
2.	PersonalA	Passive RA	Abgrenzung Löhne	51
3.	WerbeA	Passive RA	Abgrenzung Inserate	9
4.	WaE	Passive RA	Abgrenzung Rückvergütung	14
5.	Aktive RA	WerbeA	Abgrenzung Prospekte	4
6.	WerbeA	WaA	Verr. Dekorationswaren	6
7.	RaumA	Passive RA	Abgrenzung Nebenkosten	2
8.	Abschreibung	Mobiliar	Abschreibung 20 %	12
9.	WaE	Passive RA	Abgrenzung Gutscheine	11
10.	Aktive RA	Sonstiger BA	Abgrenzung Mobiliarvers.	3

Kasse		Bank		Ford. L+L		Warenvorrat	
134	128	728	659	135	121	366	
						26	
	S. 6		S. 69		S. 14		S. 392
134	134	728	728	135	135	392	392

Aktive RA		Mobiliar		Verb. L+L		Dividenden	
		60		516	593		
4			12				
3							
	S. 7		S. 48	S. 77			
7	7	60	60	593	593		

Passive RA		Aktienkapital		Ges. Gewinnres.		Gewinnvortrag	
	51		200		127		2
	9						
	14						
	2						
S. 87	11	S. 200		S. 127		S. 2	
87	87	200	200	127	127	2	2

Warenaufwand		Personalaufwand		Raumaufwand		Werbeaufwand	
638	54	207		52		12	
	26	51		2		9	4
	6					6	
	S. 552		S. 258		S. 54		S. 23
638	638	258	258	54	54	27	27

Sonstiger BA		Abschreibungen		Warenerlöse		Finanzertrag	
9					21	983	11
	3	12			14		
					11		
	S. 6		S. 12	S. 937		S. 11	
9	9	12	12	983	983	11	11

Finanz- und Rechnungswesen – Grundlagen 2: Lösungen

b)

Aktiven	Schlussbilanz I	Passiven

Aktiven		Passiven	
Kasse	6	Verbindlichkeiten L+L	77
Bank	69	Passive RA	87
Forderungen L+L	14	Aktienkapital	200
Warenvorrat	392	Ges. Gewinnreserve	127
Aktive RA	7	Gewinnvortrag	2
Mobiliar	48	Reingewinn	43
	536		536

Aufwand	Erfolgsrechnung	Ertrag

Aufwand		Ertrag	
Warenaufwand	552	Warenerlöse	937
Personalaufwand	258	Finanzertrag	11
Raumaufwand	54		
Werbeaufwand	23		
Sonst. Betriebsaufwand	6		
Abschreibungen	12		
Reingewinn	43		
	948		948

c)

Soll	Haben	Text	Betrag
ER	Jahresgewinn	Übertrag Jahresgewinn	43
Jahresgewinn	GeVor	Verbuchung Jahresgewinn	43
GeVor	Ges. Gewinnres.	Zuweisung Ges. Gewinnres.	12
GeVor	Dividenden	Zuweisung Dividende	32

Aktiven	Schlussbilanz II	Passiven

Aktiven		Passiven	
Kasse	6	Verbindlichkeiten L+L	77
Bank	69	Dividenden	32
Forderungen L+L	14	Passive RA	87
Warenvorrat	392	Aktienkapital	200
Aktive RA	7	Ges. Gewinnreserve	139
Mobiliar	48	Gewinnvortrag	1
	536		536

Aufgabe 8.11

Buchungen während des Geschäftsjahres

Nr.	Soll	Haben	Text	Betrag
1.	WaA	Verb. L+L	Einkauf netto	4 465.00
	Vorst 1170	Verb. L+L	Vorsteuer 7,7 %	343.80
2.	WaA	Kasse	Transport netto	185.00
	Vorst 1170	Kasse	Vorsteuer 7,7 %	14.25
3.	WaE	Ford. L+L	Rücksendung netto	345.00
	Verb. MWST	Ford. L+L	Anp. Umsatzsteuer	26.55
4.	Fahrzeuge	Verb. L+L	Fahrzeug netto	45 200.00
	Vorst 1171	Verb. L+L	Vorsteuer 7,7 %	3 480.40
5.	WerbeA	Verb. L+L	Prospekte netto	4 920.00
	Vorst 1171	Verb. L+L	Vorsteuer 7,7 %	378.85
6.	VerwaltungsA	Verb. L+L	Buchhaltungsarbeiten	3 280.00
	Vorst 1171	Verb. L+L	Vorsteuer 7,7%	252.55
7.	Kasse	Ford. L+L	Barzahlung	1 100.00
	Verl. Ford.	Ford. L+L	Verlust Restforderung	760.00
8.	WerbeA	Kasse	Dekoration Laden	230.00
9.	Ford. L+L	Finanzertrag	Verzugszinsen	210.00
10.	Bank	Finanzertrag	Zins netto	304.20
	Ford. VST	Finanzertrag	35 % VST	163.80
11.	FahrzeugA	Verb. L+L	Verkehrssteuern	1 856.00
12.	VerwaltungsA	Kasse	Kauf Toner	512.00
13.	Bank	FahrzeugA	Rückvergütung	1022.20
14.	VerwaltungsA	Bank	Fachzeitschrift	217.00
15.	Sonstiger BA	Kasse	Kehrichtsäcke	114.00
16.	Mobiliar	Verb. L+L	Kauf PC	5 260.00
17.	Mobiliar	Verb. L+L	Installation / Schulung	1 880.00

Nr.	Soll	Haben	Text	Betrag
18.	Verb. L+L	Mobiliar	2 % Skonto	105.20
	Verb. L+L	Bank	Banküberweisung	5 154.80
19.	Sonstiger BA	Kasse	Kassenmanko	62.00
20.	VerwaltungsA	Kasse	Kauf Briefmarken	185.00
21.	Bank	Ford VST	Rückzahlung VST	865.00
22.	WerbeA	Kasse	Kundengeschenke	1 420.00
23.	VerwaltungsA	Ford. L+L	Übergabe Büromaterial	800.00
	Verl. Ford.	Ford. L+L	Verlust Restforderung	390.00
24.	RaumA	Bank	Nachzahlung NK	763.00

Buchungen beim Jahresabschluss

Nr.	Soll	Haben	Text	Betrag
25.	WaA	WaV	Abnahme Lager	5 900.00
26.	Abschreibung	Mobiliar	Direkte Abschreibung	22 200.00
	Abschreibung	WB Fahrzeuge	Indirekte Abschreibung	10 900.00
27.	Aktive RA	WerbeA	Abgr. Werbematerial	4 200.00
28.	Lohnaufwand	Passive RA	Abgr. Umsatzbeteiligung	7 100.00
29.	WerbeA	Passive RA	Abgr. Inserate	3 800.00
30.	Aktive RA	RaumA	Abgr. Miete	5 200.00
31.	EnergieA	Passive RA	Abgr. Strom	1 400.00
32.	ER	Jahresgewinn	Übertrag Jahresgewinn	62 300.00
	Jahresgewinn	GeVor	Verbuchung Jahresg.	62 300.00
33.	GeVor	Ges. Gewinnres.	Zuw. Ges. Gewinnr.	12 460.00
	GeVor	Dividenden	Zuw. Dividende	45 000.00
34.	Dividenden	Bank	Aussch. Nettodividende	29 250.00
	Dividenden	Verb. VST	35 % VST	15 750.00

Aufgabe 8.12*

Fall 1

a) Unterbilanz mit gesetzlichen Folgen

b) Der Verlustvortrag ist grösser als 50 % des Aktienkapitals.

c) Der Verwaltungsrat muss eine ausserordentliche Generalversammlung einberufen und Sanierungsmassnahmen beantragen (Art. 725 Abs. 1 OR).

Fall 2

a) Überschuldung

b) Der Verlustvortrag ist grösser als das Aktienkapital.
    Das Fremdkapital ist grösser als die Aktiven.

c) Der Verwaltungsrat muss den Richter benachrichtigen («die Bilanz deponieren»). Der Richter wird den Konkurs eröffnen (Art. 725 Abs. 2 OR).

Aufgabe 8.13*

a) **Gewinnverteilungsplan**

Gewinnvortrag	CHF	8 100.–
+ Jahresgewinn	CHF	75 400.–
Bilanzgewinn	CHF	83 500.–
- 1. Zuweisung Ges. Gewinnres. (5 % vom RG)	CHF	3 770.–
Verfügbarer Gewinn	CHF	79 730.–
- Grunddividende (5 % vom AK)	CHF	50 000.–
Rest für zusätzliche Dividende	CHF	29 730.–
- Zusätzliche Dividende (2 % vom AK)	CHF	20 000.–
- 2. Zuweisung Ges. Gewinnres. (10 % von zus. Div.)	CHF	2 000.–
Neuer Gewinnvortrag	CHF	7 730.–

b)   **Gewinnverteilungsplan**

Gewinnvortrag	CHF	5 300.–
+ Jahresgewinn	CHF	52 700.–
Bilanzgewinn	CHF	58 000.–
- 1. Zuweisung Ges. Gewinnres. (5 % vom RG)		
(keine, da Reserven > 20 % vom AK)	CHF	0.–
Verfügbarer Gewinn	CHF	58 000.–
- Grunddividende (5 % vom AK)	CHF	30 000.–
Rest für zusätzliche Dividende	CHF	28 000.–
- Zusätzliche Dividende (4 % vom AK)	CHF	24 000.–
- 2. Zuweisung Ges. Gewinnres. (10 % von zus. Div.)	CHF	2 400.–
Neuer Gewinnvortrag	CHF	1 600.–

c)   **Gewinnverteilungsplan**

Gewinnvortrag	CHF	14 900.–
+ Jahresgewinn	CHF	175 600.–
Bilanzgewinn	CHF	190 500.–
- 1. Zuweisung Ges. Gewinnres. (5 % vom RG)	CHF	8 780.–
Verfügbarer Gewinn	CHF	181 720.–
- Grunddividende (5 % vom AK)	CHF	100 000.–
Rest für zusätzliche Dividende	CHF	81 720.–
- Zusätzliche Dividende (3 % vom AK)	CHF	60 000.–
- 2. Zuweisung Ges. Gewinnres. (10 % von zus. Div.)	CHF	6 000.–
Neuer Gewinnvortrag	CHF	15 720.–

d)   **Gewinnverteilungsplan**

Gewinnvortrag	CHF	2 600.–
+ Jahresgewinn	CHF	22 100.–
Bilanzgewinn	CHF	24 700.–
- 1. Zuweisung Ges. Gewinnres. (5 % vom RG)		
(keine, da Reserven > 20 % vom AK)	CHF	0.–
Verfügbarer Gewinn	CHF	24 700.–
- Grunddividende (4 % vom AK)		
(Grunddividende kann nicht vollständig		
ausbezahlt werden)	CHF	20 000.–
Neuer Gewinnvortrag	CHF	4 700.–

e) **Gewinnverteilungsplan**

Gewinnvortrag	CHF	1 600.–
+ Jahresgewinn	CHF	25 800.–
Bilanzgewinn	CHF	27 400.–
- 1. Zuweisung Ges. Gewinnres. (5 % vom RG)	CHF	1 290.–
Verfügbarer Gewinn	CHF	26 110.–
- Grunddividende (5 % vom einbez. AK)	CHF	10 000.–
Rest für zusätzliche Dividende	CHF	16 110.–
- Zusätzliche Dividende (7 % vom einbez. AK)	CHF	14 000.–
- 2. Zuweisung Ges. Gewinnres. (10 % von zus. Div.)	CHF	1 400.–
Neuer Gewinnvortrag	CHF	710.–

f) **Gewinnverteilungsplan**

Gewinnvortrag	CHF	7 200.–
+ Jahresgewinn	CHF	75 400.–
Bilanzgewinn	CHF	82 600.–
- 1. Zuweisung Ges. Gewinnres. (5 % vom RG) (keine, da Reserven > 20 % vom einbez. AK)	CHF	0.–
Verfügbarer Gewinn	CHF	82 600.–
- Grunddividende (5 % vom einbez. AK)	CHF	40 000.–
Rest für zusätzliche Dividende	CHF	42 600.–
- Zusätzliche Dividende (4 % vom einbez. AK)	CHF	32 000.–
- 2. Zuweisung Ges. Gewinnres. (10 % von zus. Div.)	CHF	3 200.–
Neuer Gewinnvortrag	CHF	7 400.–

Aufgabe 8.14*

a)

Soll	Haben	Text	Betrag
Bank	Aktienkapital	Erh. Aktienkapital	2 000 000.–
Bank	Ges. Kapitalres.	Agio	800 000.–

b) 1. Die Liquidität erhöht sich, da die Aktionäre den ganzen Betrag auf das Bankkonto der Aktiengesellschaft einzahlen.

2. Da das Eigenkapital grösser wird, verbessert sich die Kreditfähigkeit der Unternehmung.

3. Die Steuerbelastung nimmt wegen des grösseren Eigenkapitals zu.

9 Bewertungen und stille Reserven

Aufgabe 9.1

	R	F	
a)	☐	☒	Börsengehandelte Wertpapiere ~~müssen mindestens zum Ankaufspreis~~ bilanziert werden. **dürfen höchstens zum Kurs am Bilanzstichtag**
b)	☒	☐	Guthaben in fremder Währung dürfen höchstens zum Tageskurs des Bilanzstichtags bilanziert werden.
c)	☐	☒	Die Bewertungsvorschriften sind ~~nicht für alle buchführungs-pflichtigen Unternehmen einheitlich.~~ **Für alle Unternehmen (Rechtsformen) gleich.**
d)	☒	☐	Für Waren, die Ende Jahr noch am Lager sind, wurden seinerzeit CHF 23.– je kg bezahlt. […] Ein KMU müsste diese Waren zu CHF 19.50 bilanzieren.
e)	☐	☒	…, kann eine grössere Aktiengesellschaft den Warenvorrat ~~zum höheren Einstandspreis~~ einsetzen. **höchstens zum Veräusserungswert abzüglich anfallender Kosten**
f)	☐	☒	Für Aktiven ~~und Passiven~~ gilt das Vorsichtsprinzip: Sie dürfen höchstens zum Wert eingesetzt werden, den sie am Abschlusstag aufweisen. *Gilt nur für Aktiven. Bei Passiven mindestens aktueller Wert.*
g)	☐	☒	Die Fortführungswerte werden immer dann verwendet, wenn ~~in den nächsten drei Monaten~~ keine Liquidation vorgesehen ist. **in den nächsten 12 Monaten**
h)	☒	☐	Der Rohölvorrat von 30 000 Barrel stammt aus einem Einkauf im Sommer zum Preis von CHF 98.– pro Barrel. […] Der Rohstoff-händler kann das Rohöl mit CHF 3 102 000.– bilanzieren.
i)	☐	☒	Wenn das Anlagevermögen am Bilanzstichtag zu einem deutlich höheren Preis als zum Buchwert verkauft werden könnte, ~~kann dieser Marktpreis eingesetzt werden.~~ **muss der Anschaffungswert eingesetzt werden.**

Aufgabe 9.2

Nr.	Beschreibung	Bilanzwert	Begründung
a)	Ende Jahr wurde eine Produktions-anlage für CHF 56 500.– gekauft. Bei der Bezahlung konnten 2 % Skonto abgezogen werden. Der Transport kostete zusätzlich CHF 1 400.–.	56 770.–	Anschaffungswert (Skonto wird abgezogen und Transport dazu gezählt)
b)	Bei der Maschine (Aufgabe a) rechnen wir mit einer Nutzungsdauer von acht Jahren und einer regelmässigen Wertverminderung. Wie gross ist der Bilanzwert nach drei Jahren (auf ganze CHF runden)?	35 481.–	Anschaffungswert abzüglich lineare Abschreibung ⅜
c)	Von einer Liegenschaft sind folgende Angaben bekannt: Kaufpreis CHF 1 600 000.–, Handänderungskosten CHF 14 000.–, wertvermehrende Sanierungskosten CHF 80 000.–, Verkehrswert CHF 1 950 000.–.	1 694 000.–	Anschaffungswert (Anlagekosten inkl. Handänderungskosten und wertvermehrende Sanierung)
d)	Die 20 kotierten Aktien wurden für ins-gesamt CHF 17 400.– gekauft. Der Durchschnittskurs vom Dezember beträgt CHF 934.– und der Kurs am Bilanzstichtag CHF 952.–.	19 040.–	Bewertung zum Kurs am Bilanzstichtag (Ausnahme vom Realisationsprinzip)
e)	Im Lager eines Handelsunternehmens befinden sich 5 000 Stück eines Artikels, die zu je CHF 3.80 gekauft wurden und voraussichtlich für CHF 5.20 verkauft werden können.	19 000.–	Einstandspreis, da tiefer als Verkaufspreis unter Abzug noch anfallender Kosten (Niederstwertprinzip)
f)	Ein Unternehmen hat 10 Personal Computer im Lager, die es für je CHF 870.– gekauft hat. Die Geräte können für CHF 790.– verkauft werden. Pro Gerät fallen noch Verkaufskosten von CHF 30.– an.	7 600.–	Verkaufspreis unter Abzug noch anfallender Kosten, da tiefer als Einstandspreis (Niederstwertprinzip)

Aufgabe 9.3

	Bilanzposition	Höchster zulässiger Bilanzwert, Begründung
a)	Kasse: Bestand EUR 15 000.–	15 000.– × CHF 1.08 = **CHF 16 200.–** Begründung: Der Wechselkurs ist ein Börsenkurs (Devisenhandel), der Wechselkurs vom 31.12. kann als Bewertungsansatz genommen werden, als höchstmöglicher Wert (Art. 960b OR).
b)	Wertschriftenbestand: 500 Aktien ABC	500 × CHF 202.– = **CHF 101 000.–** Börsenkurs des Bilanztages muss verwendet werden.
c)	Vorräte: Holzvorräte	Bewertung zu den Anschaffungskosten (Einstandspreis), das heisst mit **CHF 165 000.–**
d)	Vorräte: Halbfabrikate	Der Veräusserungswert abzüglich anfallender Kosten ist tiefer als der Anschaffungswert. Es handelt sich um einen Vorrat, deshalb muss der tiefere Wert von **CHF 28 000.–** eingesetzt werden (Art. 960c OR).
e)	Vorräte: Fertigfabrikate	Gemäss Art. 960c OR dürfen die Fertigküchen höchstens zu den Herstellkosten, also zu CHF 9 200.– pro Küche, bewertet werden. Bilanzwert: 5 × CHF 9 200.– = **CHF 46 000.–**
f)	Maschinen: CNC-Holzbearbeitungs-anlage	Anschaffungswert: CHF 212 000.– + CHF 28 000.– = CHF 240 000.– Notwendige Abschreibung: ⅙ - CHF 40 000.– Bilanzwert am 31.12.: **CHF 200 000.–**

Aufgabe 9.4

a) ☒ höchstmöglicher …   ☐ tiefstmöglicher Bilanzwert   **CHF 235 494.–**

Rechenweg: 120 × CHF 1 962.45 = CHF 235 494.–
Rohstoff mit Börsenkurs, Bewertung zum Kurs am Bilanzstichtag

b) ☐ höchstmöglicher …   ☒ tiefstmöglicher Bilanzwert   **CHF 15 013.30**

Rechenweg: 16 700 × CHF 0.899 = CHF 15 013.30
Devisen mit Börsenkurs, Bewertung zum Kurs am Bilanzstichtag

c) ☒ höchstmöglicher …   ☐ tiefstmöglicher Bilanzwert   **CHF 20 000.–**

Rechenweg: Abschreibung pro Jahr 20 % = CHF 10 000.–
Anschaffungswert 50 000.– - (3 × 10 000.–) = CHF 20 000.–

d) ☒ höchstmöglicher …   ☐ tiefstmöglicher Bilanzwert   **CHF 172 250.–**

Rechenweg: 500 × CHF 344.50 = CHF 172 250.–
Bewertung zum Börsenkurs am Bilanzstichtag

e) ☒ höchstmöglicher …   ☐ tiefstmöglicher Bilanzwert   **CHF 46 800.–**

Rechenweg: 45 000 × CHF 1.04 = CHF 46 800.–
Bewertung zu den Herstellkosten (Verkaufspreis nicht zulässig)

Aufgabe 9.5

Aktiven	Definitive Schlussbilanz I		Passiven

Umlaufvermögen			Fremdkapital		
Flüssige Mittel	250 000		Verb. L+L 4)	104 440	
Wertschriften 6)	79 800		Bankverb. kurzfr.	70 700	
Ford. L+L 1)	156 650		Übr. kurzfr. Verb.	54 000	
Warenvorrat 5)	488 000	974 450	Rückst. kurzfr.	69 500	
			Bankdarlehen	70 000	
Anlagevermögen			Hypothek	312 800	
Maschinen 2)	267 000		Rückst. langfr.	65 000	746 440
Mobiliar 3)	110 000				
Immobilien	820 900	1 197 900	Eigenkapital		
			Aktienkapital	400 000	
			Ges. Gewinnres.	800 000	
			Reingewinn	225 910	1 425 910
		2 172 350			2 172 350

Nr.	Konto	Anpassungen / Berechnungen
1)	Forderungen L+L	Differenz Wechselkurs: 25 000 × CHF 0.07 = CHF 1 750.– tiefer bewerten
2)	Maschinen	Abschreibung 25 % von CHF 356 000.– = CHF 89 000.– abziehen
3)	Mobiliar	Abschreibung 20 % von CHF 137 500.– = CHF 27 500.– abziehen
4)	Verbindlichkeiten L+L	Differenz Wechselkurs: 18 000 × CHF 0.07 = CHF 1 260.– tiefer bewerten
5)	Warenvorrat	Da der Veräusserungswert abzüglich anfallender Kosten tiefer ist, muss dieser verwendet werden (Niederstwertprinzip)
6)	Wertschriften (kotiert)	200 Aktien zu CHF 399.– = CHF 79 800.– (Bewertung zum Kurs am Bilanzstichtag)

Aufgabe 9.6

Nr.	Soll	Haben	Text	Betrag
1.	Kasse	Fahrzeuge	Verkauf bar	8 000.00
2.	Ford. L+L	WaE	Dreamax, u/Rechnung	3 045.00
3.	WaE	Ford. L+L	Dreamax, 2 % Skonto	60.90
	Bank	Ford. L+L	Dreamax, Überweisung	2 984.10
4.	Ford. L+L	Post	Kostenvorschuss	70.00
5.	Rückstellung	Kasse	Schadenersatz bar	18 500.00
	Rückstellung	A.o. Ertrag	Auflösung Rückstellung	6 500.00
6.	Verl. Ford.	Ford. L+L	Forderungsverzicht	3 435.00
	AktivD	Ford. L+L	Umwandlung	3 435.00
7.	Abschreibung	WB Mobiliar	Abschreibung	11 000.00
8.	WerbeA	Passive RA	Ausstehende Rechnung	4 500.00
9.	WaV	WaA	Zunahme Lager	40 000.00

Aufgabe 9.7

	R	F	

a) ☐ ☒ Stille Reserven entstehen durch die Unterbewertung von ausgewählten Posten des Umlaufvermögen **und** des Anlagevermögens ~~oder des Fremdkapitals.~~
Das Fremdkapital wird überbewertet.

b) ☐ ☒ Die Aktionäre ~~kennen den Bestand~~ an stillen Reserven, weil diese im externen Abschluss ~~aufgeführt sind.~~
Die Aktionäre kennen den Bestand an stillen Reserven **nicht**, weil diese im externen Abschluss **nicht aufgeführt werden.**

c) ☒ ☐ Auf Forderungen aus Lieferungen und Leistungen in Schweizer Franken können keine stillen Reserven gebildet werden.

d) ☐ ☒ Stille Reserven wirken sich ~~langfristig~~ nachteilig auf die Aktionäre aus, weil sie ~~dauerhaft weniger Dividenden~~ erhalten.
Stille Reserven wirken sich **kurzfristig** nachteilig auf die Aktionäre aus, weil sie **weniger Dividenden** erhalten.

e) ☒ ☐ Gemäss den Bewertungsvorschriften im Obligationenrecht können auf den Sachanlagen sehr hohe stille Reserven gebildet werden.

f) ☐ ☒ Stille Reserven können unter anderem durch ~~zu tiefe~~ Abschreibungen auf den Fahrzeugen gebildet werden.
zu hohe

g) ☐ ☒ Wenn auf dem Warenvorrat stille Reserven gebildet werden, wird der Warenaufwand in der externen Erfolgsrechnung ~~kleiner.~~
grösser.

h) ☐ ☒ Stille Reserven sind ~~bereits besteuerte~~ Gewinne, die vorläufig in der Gesellschaft bleiben.
noch nicht besteuerte (latente Steuerlast)

i) ☒ ☐ Die Steuerbehörde akzeptiert stille Reserven auf den Sachanlagen, sofern die zulässigen Abschreibungen nicht überschritten werden.

j) ☐ ☒ Im Anhang zur Jahresrechnung muss eine Aktiengesellschaft ~~jeweils über den Bestand und die Veränderung der stillen Reserven Auskunft geben.~~
nur bei grösseren Auflösungen und nur den Gesamtbetrag der aufgelösten stillen Reserven angeben.

Aufgabe 9.8

a)

Text	Soll	Haben	Betrag
Unterbewertung Warenvorrat	WaA	WaV	15
Unterbewertung Maschinen	Abschreibung	Maschinen	5
Überbewertung Rückstellungen	Sonst. BA	Rückst.	10

b)

Prov. Reingewinn	50
Unterbewertung Warenvorrat	- 15
Unterbewertung Maschinen	- 5
Überbewertung Rückstellungen	- 10
Reingewinn extern	20

c)

Aktiven		Externe Schlussbilanz I		Passiven
Flüssige Mittel		40	Verb. L+L		45
Ford. L+L		50	Rückstellungen	(+ 10)	20
Warenvorrat	(- 15)	55	Aktienkapital		100
Maschinen	(- 5)	35	Ges. Gewinnres.		15
Mobiliar		20	Externer RG	(- 30)	20
	(- 20)	200		(- 20)	200

Aufwand		Externe Erfolgsrechnung		Ertrag
Warenaufwand	(+ 15)	365	Warenerlöse	700
PersonalA		220		
Sonst. BA	(+ 10)	75		
Abschreib.	(+ 5)	20		
Externer RG	(- 30)	20		
	(0)	700		700

d)

Bilanzposition	Interner Wert (= Wert prov. SB) 31.12.	Externer Wert 31.12.	Bestand an stillen Reserven
Warenvorrat	70	55	15
Maschinen	40	35	5
Rückstellungen	10	20	10
Gesamtbestand stille Reserven am 31.12.			30

e)

Anspruchsgruppe	Auswirkungen
Aktionäre	Die Aktionäre erhalten kurzfristig weniger Dividenden. Langfristig profitieren sie von einer grösseren Sicherheit des Unternehmens und einer gleichmässigen Dividende.
Gläubiger	Die stillen Reserven bedeuten eine zusätzliche Sicherheit für die Gläubiger. Aufgrund der weniger guten Zahlen im externen Abschluss sind sie vorsichtiger.
Staat (Steuern)	Der Staat erhält kurzfristig weniger Steuern. Langfristig werden die stillen Reserven besteuert und die Steuerzahlungen sind regelmässiger.

Aufgabe 9.9

a)

Text	Soll	Haben	Betrag
Warenvorrat	WaV	WaA	10
Maschinen	Maschinen	Abschreibung	5
Rückstellungen	Rückst.	Sonst. BA	5

b)

Prov. Reinverlust	- 10
Warenvorrat: Auflösung stille Reserven	+ 10
Maschinen: Auflösung stille Reserven	+ 5
Rückstellungen: Auflösung stille Reserven	+ 5
Reingewinn extern	10

c)

Aktiven		Externe Schlussbilanz I		Passiven	
Flüssige Mittel		25	Verb. L+L		40
Ford. L+L		35	Rückstellungen	(- 5)	5
Warenvorrat	(+ 10)	60	Aktienkapital		100
Maschinen	(+ 5)	35	Ges. Gewinnres.		15
Mobiliar		15	Externer RG	(+ 20)	10
	(+ 15)	170		(+ 15)	170

Aufwand		Externe Erfolgsrechnung		Ertrag
Warenaufwand	(- 10)	330	Warenerlöse	680
PersonalA		240		
Sonst. BA	(- 5)	85		
Abschreib.	(- 5)	15		
Externer RG	(+ 20)	10		
	(0)	680		680

d)

Anspruchsgruppe	Auswirkungen
Aktionäre	Die Aktionäre erhalten kurzfristig mehr Dividenden. Die Aktiengesellschaft wird durch diese grossen Gewinnausschüttungen geschwächt.
Gläubiger	Aufgrund der zu guten Zahlen im externen Abschluss gehen die Gläubiger von einer grösseren Kreditfähigkeit aus. Die Gläubiger können getäuscht werden.
Staat (Steuern)	Der Staat erhält kurzfristig grössere Steuerzahlungen. Die grösseren Steuereinnahmen sind aber längerfristig nicht möglich.

e)   Eine Information im Anhang ist notwendig, wenn im externen Abschluss ein wesentlich besseres Ergebnis ausgewiesen wird («wenn das erwirtschaftete Ergebnis wesentlich günstiger dargestellt wird»).

Aufgabe 9.10

Bilanzposten	Stille Reserven		Erfolgskonto für Bildung oder Auflösung
	Ja	Nein	
Aktivdarlehen		X	
Warenvorrat	X		**Warenaufwand**
Fahrzeuge	X		**Abschreibungen**
Forderungen in CHF		X	
Mobiliar	X		**Abschreibungen**
Verbindlichkeiten in EUR	X		**Je nach Verbindlichkeit, z.B. Warenaufwand**
Bankguthaben in CHF		X	
Rückstellungen	X		**Je nach Zweck, z.B. a.o. Aufwand**

Aufgabe 9.11

a) Abschreibung extern
20 % von CHF 350 000.–   70 000.–

Abschreibung intern
10 % von CHF 350 000.–   - 35 000.–

Bildung stille Reserven   **35 000.–**

b) Abschreibung extern
20 % von CHF 280 000.–
(350 000.– abzüglich Abschreibung
vom 1. Jahr von 70 000.–)   56 000.–

Abschreibung intern
10 % von CHF 350 000.–   - 35 000.–

Bildung stille Reserven   **21 000.–**

Aufgabe 9.12

a) Provisorischer Reingewinn   375 000.–

Bildung stille Reserven auf Warenvorräten   - 115 000.–

Bildung stille Reserven auf Maschinen   - 85 000.–

Externer Reingewinn   **175 000.–**

b) Provisorischer Reinverlust   - 205 000.–

Auflösung stille Reserven auf Warenvorräten   85 000.–

Auflösung stille Reserven auf Maschinen   165 000.–

Auflösung stille Reserven auf Rückstellungen   35 000.–

Externer Reingewinn   **80 000.–**

Aufgabe 9.13

Nr.	Soll	Haben	Text	Betrag
a)	WaA	WaV	Bildung stille Res.	12
b)	Mobiliar	Abschreibung	Auflösung stille Res.	3
c)	Abschreibung	Fahrzeuge	Bildung stille Res.	8
d)	Sonst. BA	Rückst.	Bildung stille Res.	5

Aktiven   **Schlussbilanz I per 31.12.20.0**   Passiven

	Prov.	Berein.	Def.		Prov.	Berein.	Def.
Kasse	4		4	Verb. L+L	71		71
Bank	51		51	Passivdarlehen	100		100
Ford. L+L	26		26	Rückstellungen	25	+ 5	30
Warenvorrat	234	- 12	222	Eigenkapital	151		151
Mobiliar	44	+ 3	47	Reingewinn	47	- 22	25
Fahrzeuge	35	- 8	27				
	394	- 17	377		394	- 17	377

Aufwand   **Erfolgsrechnung 20.0**   Ertrag

	Prov.	Berein.	Def.		Prov.	Berein.	Def.
Warenaufwand	552	+ 12	564	Warenerlös	954		954
PersonalA	218		218	Zinsertrag	6		6
Raumaufwand	62		62				
FahrzeugA	26		26				
Sonst. BA	15	+ 5	20				
Abschreibungen	32	+ 5	37				
Zinsaufwand	8		8				
Reingewinn	47	- 22	25				
	960	0	960		960		960

Aufgabe 9.14

a)

Werte aus der provisorischen Schlussbilanz I	Bildung von stillen Reserven	Werte in der externen Schlussbilanz I
Warenvorräte: CHF 355 000.–	CHF 55 000.–	Warenvorräte: **CHF 300 000.–**
Maschinen: CHF 185 000.–	CHF 30 000.–	Maschinen: **CHF 155 000.–**
Rückstellungen: CHF 67 000.–	CHF 15 000.–	Rückstellungen: **CHF 82 000.–**
Provisorischer Reingewinn: CHF 378 000.–	⟶	Definitiver Reingewinn: **CHF 278 000.–**

b)

Werte aus der provisorischen Schlussbilanz I	Bildung von stillen Reserven	Werte in der externen Schlussbilanz I
Forderungen L+L in Fremdwährungen: CHF 575 000.–	CHF 29 000.–	Forderungen L+L: **CHF 546 000.–**
Mobiliar: CHF 85 000.–	CHF 18 000.–	Mobiliar: **CHF 67 000.–**
Verbindlichkeiten L+L in Fremdwährungen: CHF 667 000.–	CHF 20 000.–	Verbindlichkeiten L+L: **CHF 687 000.–**
Provisorischer Reingewinn: CHF 178 000.–.	⟶	Definitiver Reingewinn: **CHF 111 000.–**

c)

Werte aus der provisorischen Schlussbilanz I	Auflösung von stillen Reserven	Werte in der externen Schlussbilanz I
Warenvorräte: CHF 129 000.–	CHF 50 000.–	Warenvorräte: **CHF 179 000.–**
Immobilien: CHF 1 185 000.–	CHF 130 000.–	Immobilien: **CHF 1 315 000.–**
Rückstellungen: CHF 57 000.–	CHF 17 000.–	Rückstellungen: **CHF 40 000.–**
Provisorischer Reinverlust: CHF 105 000.–.	⟶	Definitiver **Reingewinn**: **CHF 92 000.–**

d)

Werte aus der provisorischen Schlussbilanz I	Bildung von stillen Reserven	Werte in der externen Schlussbilanz I
Warenvorräte: **CHF 728 000.–**	CHF 150 000.–	Warenvorräte: CHF 578 000.–
Mobiliar: **CHF 188 000.–**	CHF 30 000.–	Mobiliar: CHF 158 000.–
Rückstellungen: **CHF 60 000.–**	CHF 27 000.–	Rückstellungen: CHF 87 000.–
Provisorischer Reingewinn: **CHF 467 000.–**	←	Definitiver Reingewinn: CHF 260 000.–

e)

Werte aus der provisorischen Schlussbilanz I	Auflösung von stillen Reserven	Werte in der externen Schlussbilanz I
Warenvorräte: **CHF 330 000.–**	CHF 51 000.–	Warenvorräte: CHF 381 000.–
Mobilien und Fahrzeuge: **CHF 180 000.–**	CHF 38 000.–	Mobilien und Fahrzeuge: CHF 218 000.–
Rückstellungen: **CHF 88 000.–**	CHF 25 000.–	Rückstellungen: CHF 63 000.–
Provisorischer **Reinverlust**: **CHF 72 000.–**	←	Externer Reingewinn: CHF 42 000.–

Aufgabe 9.15

a)

Katalogpreis	162 000.–	100 %	
- Rabatt	8 100.–	5 %	
Rechnungsbetrag	153 900.–	95 %	100 %
- Skonto	3 078.–		2 %
Zahlungsbetrag	150 822.–		98 %
+ Transport / Installation	1 778.–		
Anschaffungswert	**152 600.–**		

b)

Anschaffungswert	152 600.–
- Abschreibung	
5 × 12,5 % = 62,5 %	- 95 375.–
Buchwert intern	**57 225.–**

c)

Jahr	Abschreibung	Restwert
1	38 150.–	114 450.–
2	28 613.–	85 837.–
3	21 459.–	64 377.–
4	16 094.–	48 283.–
5	12 071.–	**36 212.–**

Variante: 152 600.– × $0,75^5$ = 36 212.70

d)

Buchwert intern	57 225.–
- Buchwert extern	- 36 212.–
Stille Reserven	**21 013.–**

e)
- Häufig realitätsnaher
- Vorsichtiger, da am Anfang mehr abgeschrieben wird
- In den ersten Jahren entstehen stille Reserven (ermöglichen Spielraum in den späteren Jahren)

Aufgabe 9.16

Nr.	Soll	Haben	Text	Betrag
1.	WaV	WaA	Bestandeskorrektur	15 700.00
2.	BetriebsE	Rückst.	Erhöhung Rückst.	4 500.00
3.	Privat	Kasse	Barbezug für Privat	600.00
4.	FinanzA	Bank	Auszahlung Eigenzins	4 000.00
5.	Privat	Eigenverbr.	Privater Warenbezug	300.00
6.	Bank	FinanzE	Zinsgutschrift	146.25
7.	WB Masch.	Maschinen	Auflösung WB	100 000.00
	Kasse	Maschinen	Verkauf zum Buchwert	25 000.00
8.	Verl. Ford.	Ford. L+L	Forderungsausfall	1 200.00
9.	Aktive RA	FinanzE	Abgrenzung Zins	400.00
10.	Verb. L+L	WerbeA	Gutschrift für Mängel	490.00
	Verb. L+L	WerbeA	2 % Skonto	18.00
	Verb. L+L	Post	Postüberweisung	882.00

10 Die Nutzschwelle im Warenhandel

Aufgabe 10.1

	fix	variabel	
a)	☐	☒	Skiservice klein nach fünf Skitouren
b)	☒	☐	Betriebshaftpflichtversicherung
c)	☒	☒	Abschreibung Skiausrüstung (mehrheitlich fix)
d)	☒	☐	Skiservice gross am Ende der Saison
e)	☐	☒	Übernachtung SAC Hütte
f)	☐	☒	Einzelfahrkarte Bergbahn
g)	☒	☐	Weiterbildungskurs
h)	☒	☐	Handy-Abo-Rechnung
i)	☒	☒	Batterien für das Ortungsgerät (mehrheitlich variabel)

Aufgabe 10.2

	Unternehmen			
	A	B	C	D
Menge in Stück	20 000	8 000	120 000	**15 000**
Variable Kosten je Stück	4.–	**12.–**	2.–	4.–
Variable Kosten total	**80 000.–**	96 000.–	**240 000.–**	**60 000.–**
Fixe Kosten total	50 000.–	100 000.–	**110 000.–**	180 000.–
Selbstkosten	**130 000.–**	**196 000.–**	350 000.–	240 000.–

Aufgabe 10.3

	1 000 Stück	1 500 Stück	2 000 Stück	3 000 Stück
Variable Kosten total	180 000.–	270 000.–	360 000.–	540 000.–
+ Fixe Kosten total	240 000.–	240 000.–	240 000.–	240 000.–
Selbstkosten	420 000.–	510 000.–	600 000.–	780 000.–

Aufgabe 10.4

a)

	1 Stück	10 000 Stück	12 000 Stück	14 000 Stück
Nettoerlös	14.20	142 000.–	170 400.–	198 800.–
- Variable Kosten	8.10	81 000.–	97 200.–	113 400.–
Deckungsbeitrag	6.10	61 000.–	73 200.–	85 400.–
- Fixe Kosten	80 000.00	80 000.–	80 000.–	80 000.–
Erfolg	- 79 993.90	- 19 000.–	- 6 800.–	5 400.–

b) $\quad NS_M \quad = \quad \dfrac{CHF\ 80\ 000.-}{CHF\ 6.10} \quad = \quad 13\ 114.75\ Stück \quad = \quad \textbf{13 115 Stück}$

c) $\quad NS_W \quad = \quad 13\ 115\ Stück \times CHF\ 14.20 \quad = \quad \textbf{CHF 186 233.–}$

Aufgabe 10.5

a)

	10 000 Stück	12 000 Stück	14 000 Stück	16 000 Stück
Nettoerlös	280 000.–	336 000.–	392 000.–	448 000.–
- Variable Kosten	170 000.–	204 000.–	238 000.–	272 000.–
Deckungsbeitrag	110 000.–	132 000.–	154 000.–	176 000.–
- Fixe Kosten	150 000.–	150 000.–	150 000.–	150 000.–
Erfolg	- 40 000.–	- 18 000.–	4 000.–	26 000.–

b) NS_M $= \dfrac{CHF\ 150\ 000.-}{CHF\ 11.-} = 13\ 636.36$ Stück $= $ **13 637 Stück**

c) NS_W $= 13\ 637$ Stück $\times$ CHF 28.– $= $ **CHF 381 836.–**

d) Notw. Menge $= \dfrac{CHF\ 150\ 000.- +\ 40\ 000.-}{CHF\ 11.-} = 17\ 272.73$ Stück

$= $ **17 273 Stück**

e) Notw. Umsatz $= 17\ 273$ Stück $\times$ CHF 28.– $= $ **CHF 483 644.–**

Aufgabe 10.6

a)

Nettoerlös je Stück	CHF	99.–
- Variable Kosten je Stück	CHF	57.–
Deckungsbeitrag je Stück	**CHF**	**42.–**

b) NS_M $= \dfrac{CHF\ 125\ 000.-}{CHF\ 42.-} = 2\ 976.19$ Stück $= $ **2977 Stück**

c) NS_W $= 2\ 977$ Stück $\times$ CHF 99.– $= $ **CHF 294 723.–**

d) Notw. Menge $= \dfrac{CHF\ 125\ 000.- +\ 45\ 000.-}{CHF\ 42.-} = 4\ 047.62$ Stück

$= $ **4 048 Stück**

e) Notw. Umsatz $= 4\ 048$ Stück $\times$ CHF 99.– $= $ **CHF 400 752.–**

Aufgabe 10.7

a)

Bruttoankaufspreis	CHF	28.00
- Rabatt 10 %	CHF	2.80
+ Zollkosten	CHF	1.50
Einstandspreis je Stück	CHF	26.70

Nettoerlös je Stück	CHF	49.00
- Variable Kosten je Stück	CHF	26.70
Deckungsbeitrag je Stück	**CHF**	**22.30**

b)

Lohnkosten	CHF	78 000.–
Lagerkosten	CHF	24 000.–
Werbekosten	CHF	36 000.–
Übrige Betriebskosten	CHF	18 000.–
Gemeinkosten	CHF	156 000.–

$$NS_M \;=\; \frac{CHF\ 156\,000.–}{CHF\ 22.30} \;=\; 6\,995.52\ \text{Stück} \;=\; \textbf{6 996 Stück}$$

c) NS_W =   6 996 Stück × CHF 49.–   =   **CHF 342 804.–**

d)   Notw. Menge $=\; \dfrac{CHF\ 156\,000.– + CHF\ 60\,000.–}{CHF\ 22.30}$ = 9 686.1 Stück

                                        =   **9 687 Stück**

e)   Notw. Umsatz   =   9 687 Stück × CHF 49.–   =   **CHF 474 663.–**

Aufgabe 10.8

a)

Fahrgeldertrag je km	CHF	3.20
- Variable Kosten je km	CHF	0.30
Deckungsbeitrag je km	**CHF**	**2.90**

b)

Fixe Lohnkosten	CHF	370 000.–
+ Übrige fixe Kosten	CHF	150 000.–
- fixe Erträge	CHF	25 000.–
Fixe Kosten netto	CHF	495 000.–

$$NS_M = \frac{CHF\ 495\ 000.–}{CHF\ 2.90} = 170\ 689.66\ km = \mathbf{170\ 690\ km}$$

c)

$$Menge = \frac{CHF\ 495\ 000.– + CHF\ 50\ 000.–}{CHF\ 2.90} = 187\ 931.03\ km$$
$$= \mathbf{187\ 932\ km}$$

d)

Ertrag bei 200 000 km	CHF	640 000.–
- Variable Kosten bei 200 000 km	CHF	60 000.–
DB bei 200 000 km	CHF	580 000.–
- Fixe Kosten netto	CHF	495 000.–
Betriebsgewinn bei 200 000 km	**CHF**	**85 000.–**

Aufgabe 10.9

	Unternehmen			
	A	B	C	D
EP je Stück	20.–	12.–	**15.–**	**240.–**
NE je Stück	**36.–**	**18.–**	24.–	348.–
DB je Stück	**16.–**	**6.–**	**9.–**	**108.–**
NS_M	**8 750 Stück**	**31 500 Stück**	**13 000 Stück**	**8 950 Stück**
NS_W	**315 000.–**	**567 000.–**	312 000.–	**3 114 600.–**

Aufgabe 10.10

a) Ticketpreis je TN   CHF   60.–

    - variable Kosten je TN   CHF   21.–

    Deckungsbeitrag je TN   CHF   39.–

    Kosten Car   CHF   1 240.–

    + Werbekosten   CHF   280.–

    + fixe Kosten Führung   CHF   120.–

    Gemeinkosten   CHF   1 640.–

$$NS_M = \frac{CHF\ 1\ 640.-}{CHF\ 39.-} = 42.05\ TN \qquad = \mathbf{43\ TN}$$

b) Ticketpreis je TN   CHF   60.–

    - variable Kosten je TN neu   CHF   28.–

    Deckungsbeitrag je TN   CHF   32.–

$$NS_M = \frac{CHF\ 1\ 640.-}{CHF\ 32.-} = 51.25\ TN \qquad = \mathbf{52\ TN}$$

Die Angebotserweiterung ist aus finanzwirtschaftlicher Sicht nicht sinnvoll. Die benötigte Teilnehmerzahl, um die Nutzschwelle zu erreichen, ist höher als die maximale Kapazität des Cars.
Die Angebotserweiterung müsste somit mit einer Erhöhung der Ticketpreise verbunden sein.

Aufgabe 10.11

	Unternehmen			
	A	B	C	D
NE je Stück	30.–	120.–	20.–	160.–
EP je Stück	21.–	78.–	12.–	120.–
DB je Stück	9.–	42.–	8.–	40.–
Mengenmässige NS	2 500 Stück	6 000 Stück	75 000 Stück	7 200 Stück
Wertmässige NS	75 000.–	720 000.–	1 500 000.–	1 152 000.–

Aufgabe 10.12

a) RaumkostenCHF1 500.–

+ Sicherheit und ReinigungCHF4 800.–

+ WerbekostenCHF4 000.–

+ übrige BetriebskostenCHF1 800.–

GemeinkostenCHF12 100.–

Ertrag=180 Tickets × CHF 70.–=CHF 12 600.–

Erlös TicketsCHF12 600.–

- GemeinkostenCHF12 100.–

Gage Alpatroz**CHF****500.–**

b) $\text{Menge} = \dfrac{\text{CHF } 16\,100.- + \text{CHF } 2\,000.-}{\text{CHF } 70.-} = 258.57 \text{ Tickets}$

$= \mathbf{259\ Tickets}$

c) $\text{Menge} = \dfrac{\text{CHF } 4\,800.-}{\text{CHF } 20.-} = \mathbf{240\ Tickets}$

Bei weniger als 240 Tickets fährt die «Ton GmbH» mit dem neuen Angebot für die Sicherheit und Reinigung besser.

Aufgabe 10.13

a)

Einstandswert	594 000.–	55 %
+ Deckungsbeitrag (Bruttogewinn)	486 000.–	45 %
Nettoerlös	1 080 000.–	100 %

b)

Einstandswert bei der Nutzschwelle	512 600.–	55 %
+ Fixe Kosten bei der Nutzschwelle	419 400.–	45 %
Nettoerlös bei der Nutzschwelle	932 000.–	100 %

c)   In der Aufgabenstellung stehen keine Informationen zu den Kosten oder Erträgen je Stück. Auch Mengenangaben zum Verkauf oder Einkauf beziehungsweise zur Nutzschwelle fehlen. Das Versandhaus handelt mit vielen unterschiedlichen Artikeln. Deshalb sind die Mengenangaben nicht möglich.

d)   - Fixe Kosten sind mengenunabhängig.
- Bei der Nutzschwelle entsprechen die fixen Kosten dem Deckungsbeitrag.
- Die Bruttogewinnquote ist bei allen Umsätzen gleich gross.

Aufgabe 10.14

	Unternehmen			
	A	B	C	D
Warenerlöse	850 000.–	420 000.–	**1 110 000.–**	960 000.–
Warenaufwand	400 000.–	**218 000.–**	540 000.–	**576 000.–**
Bruttogewinn	**450 000.–**	**202 000.–**	**570 000.–**	**384 000.–**
Gemeinkosten	**430 000.–**	180 000.–	580 000.–	340 000.–
Betriebsgewinn/ -verlust	20 000.–	22 000.–	- 10 000.–	**44 000.–**
Bruttogewinnquote	**52,94 %**	**48,10 %**	**51,35 %**	40 %
Wertmässige NS	**812 240.27**	**374 220.37**	**1 129 503.41**	**850 000.–**

Aufgabe 10.15

a)

Warenerlöse	CHF	1 200 000.–
- Warenaufwand	CHF	696 000.–
Bruttogewinn	CHF	504 000.–

$$\text{BG-Quote} = \frac{\text{CHF } 504\,000.– \times 100}{\text{CHF } 1\,200\,000.–} = 42\ \%$$

$$\text{NS}_\text{W} = \frac{\text{CHF } 492\,000.– \times 100}{42} = \textbf{CHF } \textbf{1 171 428.57}$$

b)

$$\text{Menge} = \frac{\text{CHF } 532\,000.– \times 100}{42} = \textbf{CHF } \textbf{1 266 666.67}$$

Aufgabe 10.16

a)   Der Reingewinn von CHF 12 000.– ist auf den Mehrverkauf von 500 Stück zurück-
     zuführen. Der Gewinn pro Stück entspricht dem Deckungsbeitrag pro Stück.

$$\text{DB je Stück} \quad = \quad \frac{\text{CHF 12 000.–}}{\text{500 Stück}} \quad = \quad \textbf{CHF 24. – je Stück}$$

b)   Nettoerlös bei 4 000 Stück (52.–)   CHF   208 000.–

     - Variable Kosten bei 4 000 Stück (28.–)   **CHF**   **112 000.–**

     DB bei 4 000 Stück (24.–)   CHF   96 000.–

     - Gemeinkosten   **CHF**   **96 000.–**

     Betriebsgewinn bei 4 000 Stück   CHF   0.–

11 Bilanz- und Erfolgsanalyse

Aufgabe 11.1

	Kennzahl	Berechnung	Beurteilung
1.	Eigenfinanzierungsgrad $$\frac{\text{Eigenkapital} \times 100}{\text{Gesamtkapital}}$$	$$\frac{789\,140 \times 100}{1\,917\,800}$$ $$= 41{,}15\,\%$$	**Gut** (Richtwert: mind. 30 %)
2.	Fremdfinanzierungsgrad $$\frac{\text{Fremdkapital} \times 100}{\text{Gesamtkapital}}$$	$$\frac{1\,128\,660 \times 100}{1\,917\,800}$$ $$= 58{,}85\,\%$$	**Gut** (Richtwert: max. 70 %)
3.	Selbstfinanzierungsgrad $$\frac{\text{Zuwachskapital} \times 100}{\text{Grundkapital}}$$	$$\frac{389\,140 \times 100}{400\,000}$$ $$= 97{,}29\,\%$$	**Sehr gut** (abhängig vom Alter der Unternehmung)
4.	Intensität des UV $$\frac{\text{Umlaufvermögen} \times 100}{\text{Gesamtvermögen}}$$	$$\frac{605\,800 \times 100}{1\,917\,800}$$ $$= 31{,}59\,\%$$	**In Ordnung** (da Produktionsbetrieb tiefer Wert)
5.	Intensität des AV $$\frac{\text{Anlagevermögen} \times 100}{\text{Gesamtvermögen}}$$	$$\frac{1\,312\,000 \times 100}{1\,917\,800}$$ $$= 68{,}41\,\%$$	**In Ordnung** (da Produktionsbetrieb hoher Wert)
6.	Liquiditätsgrad 1 $$\frac{\text{Fl. Mittel} \times 100}{\text{kurzfr. FK}}$$	$$\frac{90\,000 \times 100}{408\,660}$$ $$= 22{,}02\,\%$$	**Genügend** (Richtwert: mind. 20 %)
7.	Liquiditätsgrad 2 $$\frac{(\text{Fl. Mittel} + \text{Ford.}) \times 100}{\text{kurzfr. FK}}$$	$$\frac{446\,500 \times 100}{408\,660}$$ $$= 109{,}26\,\%$$	**Genügend** (Richtwert: mind. 100 %)

8.	Liquiditätsgrad 3 $\dfrac{\text{Umlaufvermögen} \times 100}{\text{kurzfr. FK}}$	$\dfrac{605\,800 \times 100}{408\,660}$ $= 148{,}24\ \%$	**Knapp ungenügend** (Richtwert: mind. 150 %)
9.	Anlagedeckungsgrad 1 $\dfrac{\text{Eigenkapital} \times 100}{\text{Anlagevermögen}}$	$\dfrac{789\,140 \times 100}{1\,312\,000}$ $= 60{,}15\ \%$	**Ungenügend** (Richtwert: mind. 75 %)
10.	Anlagedeckungsgrad 2 $\dfrac{(\text{EK} + \text{langfr. FK}) \times 100}{\text{Anlagevermögen}}$	$\dfrac{1\,509\,140 \times 100}{1\,312\,000}$ $= 115{,}03\ \%$	**In Ordnung** (Richtwert: mind. 100 %)
11.	Eigenkapitalrendite $\dfrac{\text{Reingewinn} \times 100}{\text{Eigenkapital}}$	$\dfrac{89\,140 \times 100}{789\,140}$ $= 11{,}30\ \%$	**Gut** (Richtwert: mind. 8 %)
12.	Gesamtkapitalrendite $\dfrac{(\text{RG} + \text{FinanzA}) \times 100}{\text{Gesamtkapital}}$	$\dfrac{159\,140 \times 100}{1\,917\,800}$ $= 8{,}30\ \%$	**Gut** (Richtwert: mind. 6 %)
13.	Umsatzrendite $\dfrac{\text{Reingewinn} \times 100}{\text{Betriebsertrag}}$	$\dfrac{89\,140 \times 100}{2\,679\,140}$ $= 3{,}33\ \%$	**Ungenügend** (Produktionsbetrieb mind. 5 %)

Aufgabe 11.2

a) **Schlussbilanz I**

Aktiven			
Umlaufvermögen			
Flüssige Mittel			
Kasse	30		
Post	190	220	
Forderungen			
Forderungen L+L		1 450	
Vorräte			
Warenvorrat		1 600	3 270
Anlagevermögen			
Maschinen		400	
Mobiliar		440	
Fahrzeuge		220	1 060
			4 330
Passiven			
Fremdkapital			
Kurzfristiges Fremdkapital			
Verbindlichkeiten L+L	1 520		
Bankschuld	80	1 600	
Langfristiges Fremdkapital			
Passivdarlehen		1 100	2 700
Eigenkapital			
Aktienkapital		1 000	
Gesetzliche Gewinnres.		550	
Reingewinn		80	1 630
			4 330

b)

	Kennzahl	Berechnung	Beurteilung
1.	Eigenfinanzierungsgrad	$\dfrac{1\,630 \times 100}{4\,330}$ = 37,64 %	**In Ordnung** (Richtwert: mind. 30 %)
2.	Fremdfinanzierungsgrad	$\dfrac{2\,700 \times 100}{4\,330}$ = 62,36 %	**In Ordnung** (Richtwert: max. 70 %)
3.	Selbstfinanzierungsgrad	$\dfrac{630 \times 100}{1\,000}$ = 63,00 %	**Abhängig vom Alter** **des Unternehmens**
4.	Intensität des UV	$\dfrac{3\,270 \times 100}{4\,330}$ = 75,52 %	**In Ordnung** (da Handel und keine eigene Liegenschaft)
5.	Intensität des AV	$\dfrac{1\,060 \times 100}{4\,330}$ = 24,48 %	**In Ordnung** (da Handel und keine eigene Liegenschaft)
6.	Liquiditätsgrad 1	$\dfrac{220 \times 100}{1\,600}$ = 13,75 %	**Ungenügend** (Richtwert: mind. 20 %)
7.	Liquiditätsgrad 2	$\dfrac{1\,670 \times 100}{1\,600}$ = 104,38 %	**Knapp genügend** (Richtwert: mind. 100 %)
8.	Liquiditätsgrad 3	$\dfrac{3\,270 \times 100}{1\,600}$ = 204,38 %	**Gut** (Richtwert: mind. 150 %)

9.	Anlagedeckungsgrad 1	$\dfrac{1\,630 \times 100}{1\,060}$ **= 153,77 %**	**Gut** (Richtwert: mind. 75 %)
10.	Anlagedeckungsgrad 2	$\dfrac{2\,730 \times 100}{1\,060}$ **= 257,55 %**	**Gut** (Richtwert: mind. 100 %)
11.	Eigenkapitalrendite	$\dfrac{80 \times 100}{1\,630}$ **= 4,91 %**	**Ungenügend** (Richtwert: mind. 8 %)
12.	Gesamtkapitalrendite	$\dfrac{150 \times 100}{4\,330}$ **= 3,46 %**	**Ungenügend** (Richtwert: mind. 6 %)
13.	Umsatzrendite	$\dfrac{80 \times 100}{8\,100}$ **= 0,99 %**	**Ungenügend** (Handel mind. 1,5 %)

Aufgabe 11.3

a) Schlussbilanz II

Aktiven			
Umlaufvermögen			
Flüssige Mittel			
Kasse	26 900.–		
Post	51 100.–	78 000.–	
Forderungen			
Forderungen L+L		330 000.–	
Vorräte			
Warenvorräte		252 000.–	660 000.–
Anlagevermögen			
Maschinen		90 000.–	
Mobiliar		186 000.–	
Fahrzeuge		28 000.–	304 000.–
			964 000.–
Passiven			
Fremdkapital			
Kurzfristiges Fremdkapital			
Verbindlichkeiten L+L	382 500.–		
Bankschuld	17 500.–	400 000.–	
Langfristiges Fremdkapital			
Passivdarlehen		160 000.–	560 000.–
Eigenkapital			
Aktienkapital		300 000.–	
Gesetzliche Gewinnres.		100 000.–	
Gewinnvortrag		4 000.–	404 000.–
			964 000.–

b)

	Kennzahl	Berechnung	Beurteilung
1.	Eigenfinanzierungsgrad	$\dfrac{404\,000 \times 100}{964\,000}$ = 41,91 %	**Gut** (Richtwert: mind. 30 %)
2.	Intensität des AV	$\dfrac{304\,000 \times 100}{964\,000}$ = 31,54 %	**In Ordnung** (bei Handelsbetrieben tief)
3.	Liquiditätsgrad 2	$\dfrac{408\,000 \times 100}{400\,000}$ = 102,00 %	**Knapp genügend** (Richtwert: mind. 100 %)
4.	Anlagedeckungsgrad 2	$\dfrac{564\,000 \times 100}{304\,000}$ = 185,53 %	**Gut** (Richtwert: mind. 100 %)
5.	Eigenkapitalrendite	$\dfrac{18\,000 \times 100}{404\,000}$ = 4,46 %	**Ungenügend** (Richtwert: mind. 8 %)

Aufgabe 11.4

a)

	Kennzahl	Berechnung	Beurteilung
1.	Liquiditätsgrad 1	$\dfrac{70 \times 100}{250}$ $= 28,00\ \%$	**Genügend** (Richtwert: mind. 20 %)
2.	Liquiditätsgrad 2	$\dfrac{190 \times 100}{250}$ $= 76,00\ \%$	**Schlecht** (Richtwert: mind. 100 %)
3.	Eigenfinanzierungsgrad	$\dfrac{170 \times 100}{710}$ $= 23,94\ \%$	**Ungenügend** (Richtwert: mind. 30 %)
4.	Fremdfinanzierungsgrad	$\dfrac{540 \times 100}{710}$ $= 76,06\ \%$	**Zu hoch** (Richtwert: max. 70 %)
5.	Anlagedeckungsgrad 1	$\dfrac{170 \times 100}{360}$ $= 47,22\ \%$	**Schlecht** (Richtwert: mind. 75 %)
6.	Anlagedeckungsgrad 2	$\dfrac{460 \times 100}{360}$ $= 127,78\ \%$	**In Ordnung** (Richtwert: mind. 100 %)
7.	Eigenkapitalrendite	$\dfrac{25 \times 100}{170}$ $= 14,71\ \%$	**Sehr gut** (Richtwert: mind. 8 %)
8.	Umsatzrendite	$\dfrac{25 \times 100}{2\,470}$ $= 1,01\ \%$	**Schlecht** (Produktionsbetriebe mind. 5 %)

b)

Kennzahl	Massnahmen zur Verbesserung
Liquiditätsgrad 2	Kapitalerhöhung Aufnahme eines Darlehens Verkauf von Anlagen
Eigenfinanzierungsgrad	Kapitalerhöhung Kleinere Gewinnauszahlungen Reduktion Bankschuld (nach Beschaffung von liquiden Mitteln)
Umsatzrendite	Stellen abbauen Kosten reduzieren Kleinere Abschreibungen (weniger investieren)

c)

Kennzahl	Auswirkung mit Begründung
Liquiditätsgrad 2	nimmt ab, da weniger Bargeld vorhanden ist
Anlagedeckungsgrad 2	nimmt ab, da Anlagevermögen grösser wird
Eigenfinanzierungsgrad	unverändert, da Passivseite nicht betroffen ist

d)

Kennzahl	Auswirkung mit Begründung
Liquiditätsgrad 2	nimmt ab, da kleineres Bankguthaben vorhanden ist
Anlagedeckungsgrad 2	nimmt ab, da langfristiges Kapital kleiner wird
Eigenfinanzierungsgrad	nimmt zu, da Anteil des Fremdkapitals abnimmt

Aufgabe 11.5

a)

Kennzahl	Berechnung	Beurteilung
1. Eigenfinanzierungsgrad	$\frac{961\,000 \times 100}{2\,441\,000}$ = **39,37 %**	**Gut** (Richtwert: mind. 30 %)
2. Verschuldungsgrad	$\frac{1\,480\,000 \times 100}{2\,441\,000}$ = **60,63 %**	**Gut** (Richtwert: max. 70 %)
3. Anlagedeckungsgrad 2	$\frac{1\,641\,000 \times 100}{1\,011\,000}$ = **162,31 %**	**Gut** (Richtwert: mind. 100 %)
4. Liquiditätsgrad 2	$\frac{826\,000 \times 100}{800\,000}$ = **103,25 %**	**Knapp genügend** (Richtwert: mind. 100 %)
5. Eigenkapitalrendite	$\frac{53\,000 \times 100}{961\,000}$ = **5,52 %**	**Ungenügend** (Richtwert: mind. 8 %)
6. Gesamtkapitalrendite	$\frac{125\,000 \times 100}{2\,441\,000}$ = **5,12 %**	**Ungenügend** (Richtwert: mind. 6 %)
7. Umsatzrentabilität	$\frac{53\,000 \times 100}{4\,250\,000}$ = **1,25 %**	**Ungenügend** (Handel mind. 1,5 %)

b) Stellenabbau (Reduktion der Personalkosten)
Einsparungen bei allgemeinen Kosten
Verkleinerung des Warenaufwandes (günstigere Einkäufe)
Erhöhung des Umsatzes (in der Regel schwierig)
Verminderung des Eigenkapitals (im konkreten Fall kaum sinnvoll)

Aufgabe 11.6

	Geschäftsfall	Liquiditäts-grad 2	Eigenfinan-zierungsgrad	Eigenkapital-rendite
a)	Kauf eines Autos mit sofortiger Banküberweisung (Bankguthaben).	-	=	=
b)	Aufnahme eines Passivdarlehens mit Überweisung auf das Bankkonto (Bankguthaben).	+	-	=
c)	Umwandlung einer Lieferantenschuld in ein Darlehen.	+	=	=
d)	Kunde begleicht eine Rechnung durch Überweisung auf das Postkonto.	=	=	=
e)	Aktivdarlehen wird auf das Bankkonto (Bankguthaben) zurückbezahlt.	+	=	=
f)	Erhöhung Aktienkapital mit Einzahlung auf das Bankkonto (Bankguthaben).	+	+	-
g)	Lieferantenrechnung für Materialbezüge trifft ein.	-	-	-
h)	Kauf einer Büroeinrichtung gegen Rechnung.	-	-	=

Aufgabe 11.7

a)

	Kennzahl	Berechnung	Beurteilung
1.	Eigenfinanzierungsgrad	$\dfrac{1\,833\,000 \times 100}{4\,513\,000}$ $= 40{,}62\ \%$	**Gut** (Richtwert: mind. 30 %)
2.	Selbstfinanzierungsgrad	$\dfrac{533\,000 \times 100}{1\,300\,000}$ $= 41{,}00\ \%$	**abhängig vom Alter des Unternehmens**
3.	Intensität des AV	$\dfrac{3\,309\,000 \times 100}{4\,513\,000}$ $= 73{,}32\ \%$	**In Ordnung** (Produktionsbetrieb mit Liegenschaft)
4.	Liquiditätsgrad 2	$\dfrac{826\,000 \times 100}{700\,000}$ $= 118{,}00\ \%$	**Genügend** (Richtwert: mind. 100 %)
5.	Anlagedeckungsgrad 1	$\dfrac{1\,833\,000 \times 100}{3\,309\,000}$ $= 55{,}39\ \%$	**Ungenügend** (Richtwert: mind. 75 %)
6.	Eigenkapitalrendite	$\dfrac{151\,000 \times 100}{1\,833\,000}$ $= 8{,}24\ \%$	**Genügend** (Richtwert: mind. 8 %)
7.	Umsatzrentabilität	$\dfrac{151\,000 \times 100}{7\,170\,000}$ $= 2{,}11\ \%$	**Ungenügend** (Produktionsbetrieb mind. 5 %)

b)   Das Finanzierungsverhältnis (Zusammensetzung der Passivseite) der «Chemical Products AG» ist gut. Die Vermögensstruktur (Zusammensetzung der Aktivseite) zeigt ein Bild, wie es für Produktionsbetriebe üblich ist. Anlagedeckungsgrad 1 und Umsatzrentabilität sind zu tief. Die übrigen Kennzahlen sind in Ordnung.

Aufgabe 11.8

a)   Grosse Sicherheit und Unabhängigkeit, weniger Zinsverpflichtungen

b)   Kleinere Eigenkapitalrendite, grössere Steuerbelastung

c)   Mindestens 30 % (bei Neugründungen 50 % zu empfehlen)

d)   Mindestens 20 %

e)   Verbesserung der Eigenkapitalrendite, Gewinn je Aktie wird grösser, Anteil an Reserven pro Aktie wird grösser, Börsenkurs wird positiv beeinflusst.

Aufgabe 11.9

a)

Aktiven		Schlussbilanz I	Passiven		
Umlaufvermögen			**Fremdkapital**		
Flüssige Mittel			**Kurzfristiges Fremdkapital**		
Kasse	**23 000**		Verb. L+L	1 295 000	
Post	175 000	198 000	Bankschuld	56 800	1 351 800
Forderungen			**Langfristiges Fremdkapital**		
Ford. L+L		1 095 000	PassivD	870 000	2 221 800
Vorräte					
Vorräte	1 240 000	2 533 000	**Eigenkapital**		
			Grundkapital		
			Aktienkapital	600 000	
Anlagevermögen					
Mobile Sachanlagen			**Zuwachskapital**		
Mobiliar	293 000		Ges. Res.	230 900	
Fahrzeuge	279 000	572 000	**Reingew.**	**52 300**	283 200	883 200
		3 105 000			3 105 000

Aufwand	Erfolgsrechnung	Ertrag
Warenaufwand	2 794 470	Warenerlöse	5 322 800
Personalaufwand	1 735 030		
Raumaufwand	208 000		
Sonstiger Betriebsaufwand	350 000		
Abschreibungen	143 000		
Fremdkapitalzinsen	40 000		
Reingewinn	**52 300**		
	5 322 800		5 322 800

b)

	Kennzahl	Berechnung	Beurteilung
1.	Eigenfinanzierungsgrad	$\dfrac{883\,200 \times 100}{3\,105\,000}$ = **28,44 %**	**Ungenügend** (Richtwert: mind. 30 %)
2.	Fremdfinanzierungsgrad	$\dfrac{2\,221\,800 \times 100}{3\,105\,000}$ = **71,56 %**	**Zu hoch** (Richtwert: max. 70 %)
3.	Liquiditätsgrad 1	$\dfrac{198\,000 \times 100}{1\,351\,800}$ = **14,65 %**	**Ungenügend** (Richtwert: mind. 20 %)
4.	Liquiditätsgrad 2	$\dfrac{1\,293\,000 \times 100}{1\,351\,800}$ = **95,65 %**	**Ungenügend** (Richtwert: mind. 100 %)
5.	Liquiditätsgrad 3	$\dfrac{2\,533\,000 \times 100}{1\,351\,800}$ = **187,38 %**	**Gut** (Richtwert: mind. 150 %)
6.	Anlagedeckungsgrad 2	$\dfrac{1\,753\,200 \times 100}{572\,000}$ = **306,50 %**	**Gut** (Richtwert: mind. 100 %)
7.	Eigenkapitalrendite	$\dfrac{52\,300 \times 100}{883\,200}$ = **5,92 %**	**Ungenügend** (Richtwert: mind. 8 %)
8.	Umsatzrendite	$\dfrac{52\,300 \times 100}{5\,322\,800}$ = **0,98 %**	**Ungenügend** (Handel mind. 1,5 %)

c)   Das Anlagevermögen ist in Handelsbetrieben verhältnismässig klein. Die «ITAG» besitzt zudem auch keine eigene Liegenschaft.

d)   Der Eigenfinanzierungsgrad wird kleiner.
Der Fremdfinanzierungsgrad wird grösser.
Die Liquiditätsgrade werden schlechter.
Die Eigenkapitalrendite wird besser.

Aufgabe 11.10*

a)

1.	Lagerumschlag	$$\frac{410}{(47+63)/2}$$ $$= 7{,}45 \text{ x}$$	branchenabhängig
2.	Durchschnittliche Lagerdauer	$$\frac{360 \text{ Tage}}{7{,}45}$$ $$= 48{,}32 \text{ Tage}$$	branchenabhängig
3.	Durchschnittliche Zahlungsfrist der Kunden	40 % von 780 = 312 $$\frac{312}{(74+60)/2}$$ $$= 4{,}66 \text{ x}$$ $$\frac{360 \text{ Tage}}{4{,}66}$$ $$= 77{,}25 \text{ Tage}$$	Schlecht (Zahlungsbedingungen 30 Tage netto)
4.	Anlagedeckungsgrad 2	$$\frac{195 \times 100}{190}$$ $$= 102{,}63 \text{ %}$$	Genügend (Richtwert: mind. 100 %)
5.	Eigenkapitalrendite	$$\frac{18 \times 100}{75}$$ $$= 24{,}00 \text{ %}$$	Sehr gut (Richtwert: mind. 8 %)
6.	Gesamtkapitalrendite	$$\frac{24 \times 100}{320}$$ $$= 7{,}5 \text{ %}$$	Gut (Richtwert: mind. 6 %)

b) Vorteile: grosse Lieferbereitschaft, gute Auswahl, bessere Einkaufsbedingungen
   Nachteile: grosse Lagerkosten, mehr veraltete Waren («Ladenhüter»), aufwendigere Lagerorganisation notwendig

c) Bäckerei, Blumenladen

d) Sonderrabatte gewähren, Sortiment straffen, gezielter einkaufen

e) Kunden schneller mahnen, Vorauszahlungen verlangen, Teilzahlungen verlangen, Bonität der Kunden prüfen, Skonto gewähren

Aufgabe 11.11*

a)

Kennzahl / Grösse	Berechnung
Cashflow	18 000.– + 43 000.– = **61 000.–**

Cashflow-Marge	$\dfrac{61\,000 \times 100}{1\,600\,000}$ = **3.81 %** **Gut** (deutlich grösser als Umsatzrendite)
Umsatzrendite	$\dfrac{18\,000 \times 100}{1\,600\,000}$ = **1,13 %** **Ungenügend** (Richtwert mind. 1,5 %)
Effektivverschuldung	Fremdkapital 560 000.– - Flüssige Mittel 78 000.– - Forderungen 330 000.– **Effektive Verschuldung 152 000.–**
Verschuldungsfaktor	$\dfrac{152\,000}{61\,000}$ = **2,49 ×** **Sehr gut** (Richtwert < 5 ×)

b)

Kennzahl / Grösse	Berechnung
Cashflow	53 000.– + 87 000.– = **140 000.–**

Cashflow-Marge	$\dfrac{140\,000 \times 100}{4\,250\,000}$ = **3,29 %** **Gut** (deutlich grösser als Umsatzrendite)
Umsatzrendite	$\dfrac{53\,000 \times 100}{4\,250\,000}$ = **1,25 %** **Ungenügend** (Richtwert mind. 1,5 %)
Effektivverschuldung	Fremdkapital 1 480 000.– - Flüssige Mittel 206 000.– - Forderungen 620 000.– **Effektive Verschuldung 654 000.–**
Verschuldungsfaktor	$\dfrac{654\,000}{140\,000}$ = **4,67 ×** **Eher knapp** (Richtwert < 5 ×)

Notizen

Notizen